SECTAS, CULTOS Y SINCRETISMOS

Ediciones Universal, Miami, Florida, 1999

Juan J. Sosa

SECTAS, CULTOS Y SINCRETISMOS

Una reflexión teológico-pastoral sobre los
movimientos religiosos que, al margen de la Iglesia,
predominan entre los católicos hispanos de los Estados Unidos,
especialmente aquéllos que proceden del Caribe.

-- EDICIONES UNIVERSAL

Copyright © 1999 by Juan J. Sosa

———

Primera edición, 1999

EDICIONES UNIVERSAL
P.O. Box 450353 (Shenandoah Station)
Miami, FL 33245-0353. USA
Tel: (305) 642-3234   Fax: (305) 642-7978
e-mail: ediciones@kampung.net
http://www.ediciones.com

Library of Congress Catalog Card No.: 98-89963
I.S.B.N.: 0-89729-892-6

Diseño de la cubierta: Rogelio Zelada
Foto de la portada:
La imagen de Babalú-Ayé en el palacio de las sacerdotisas de Ochún
en Osogbo, Nigeria. Foto del autor.

Arte final de la cubierta: Luis García-Fresquet

Nihil Obstat: Very Reverend Tomás M. Marín (27 de abril de 1999)
Imprimatur: Most Reverend John C. Favalora D.D. (27 de abril de 1999)

Dedicatoria

A mis padres,
Adelaida y Juan,
quienes siempre me ayudaron a apreciar
la fe que nace de Dios,
el valor de la vida familiar,
la honestidad,
y el amor al trabajo y al prójimo.

ÍNDICE

PRESENTACIÓN

Monseñor Agustín A. Román

La complejidad del mundo en que vivimos y la intranquilidad que nuestro pueblo siente a menudo ante las respuestas incompletas que tanto la ciencia como la sociedad por sí solas les provee, ha provocado en muchos de nuestros católicos una insaciable búsqueda de un Dios personal que les hable a su experiencia humana y les brinde la salvación.

El Padre Juan J. Sosa nos ofrece en esta publicación una fuente de información y de orientación pastoral que enlaza conjuntamente las dificultades, o crisis culturales y religiosas, de las familias hispanas que residen en los Estados Unidos con la actitud positiva y acogedora que la Iglesia debe presentarles para responder a tales vicisitudes. En su trato de la 'adaptación cultural' de estas familias y la proliferación de 'movimientos religiosos' en estas tierras y en muchas partes de América Latina desde la década de los sesenta, el Padre Sosa nos muestra con rasgos escuetos y claros la problemática de las 'sectas, cultos y sincretismos' que crecen como una respuesta transitoria que responde a las necesidades culturales y emocionales de muchos de nuestros católicos hispanos. Dicha problemática solamente se ha de resolver cuando el Evangelio se proclame y se viva plenamente entre aquellos agentes pastorales que se comprometen a ser sus instrumentos y portavoces hoy y siempre.

Notamos con alegría que el texto de esta publicación nos exhorta a escuchar más que a condenar a los que por razones o circunstancias diversas hayan abrazado estos movimientos religiosos en algún momento de su vida. También notamos que, inspirado por los documentos y comentarios del Concilio Vaticano II, el manuscrito reconoce la semilla de la fe en todos los que honestamente buscan a Dios, una fe que se hace más explícita cuanto más se arraiga el Evangelio en el corazón de cada uno de ellos, cuyas experiencias se van iluminando poco a poco con la luz de Jesucristo a medida que escuchan la Palabra y se acercan a El por el testimonio diario de los cristianos.

Nos regocijamos al descubrir que tanto la Exhortación Apostólica sobre la Evangelización del Mundo Contemporáneo del Papa Pablo VI, como las múltiples instrucciones de Su Santidad Juan Pablo II sobre la evangelización, la piedad popular y la inculturación del Evangelio, forman parte de la base teológica que sostiene los diferentes temas que constituyen esta publicación. Y felicitamos al Padre Sosa por la sinceridad con que trata un tema complejo y delicado que exige por un lado fidelidad a la tradición de la Iglesia y, por el otro, una creatividad misionera que nace de vivir abiertos a los seres humanos en sus momentos de más intimidad con Dios.

Recomendamos este libro a todos los agentes pastorales de nuestra Iglesia para que les ayude a reflexionar y a analizar dentro de su intenso servicio al pueblo de Dios aquellas características típicas y diversas de la búsqueda de Dios que con más frecuencia se hacen presentes entre las muchas asambleas de hispanos católicos del país. Lo recomendamos, especialmente, porque en sus páginas - enlazadas no sólo por la teoría, sino también por varios ejemplos prácticos - nos muestran una visión teológica y catequética que ilumina e inspira nuestra actividad pastoral mientras caminamos juntos hacia el Tercer Milenio.

Agustín A. Román, D.D.
Obispo Auxiliar de Miami
Ermita de la Caridad

INTRODUCCIÓN GENERAL

El sentimiento religioso siempre ha sido una expresión de la naturaleza religiosa de los seres humanos. No obstante ello, vivimos en una época especial. Somos testigos de innumerables grupos, organizaciones, instituciones, movimientos y supuestas iglesias que, ante la era científica que continúa desarrollando nuevas técnicas para resolver los problemas a la humanidad, se sitúan con un firme propósito: descubrir la presencia de Dios en el mundo, dondequiera que se encuentre. Dichos grupos prefieren hacer este descubrimiento fuera de las Iglesias reconocidas en la historia como ejes alrededor de los cuales se anuncia el Evangelio; preferiblemente, en comunidades sin leyes, jerarquía, mandamientos o sacramentos, y obviamente, ajenos a los esfuerzos del movimiento ecuménico —enunciado por el Concilio Vaticano II— que facilita que los católicos reconozcan, por el bautismo, a cristianos no católicos como «incorporados a Cristo» y «hermanos en el Señor», y que nos motiva a todos a que oremos siempre por la unidad de la Iglesia.[1]

Esta publicación va dirigida a nuestros agentes pastorales —sacerdotes, religiosos(as), diáconos, maestros, catequistas, liturgistas, ministros de la caridad— en fin, a todos los que proclaman la Buena Noticia de Dios y quieren anunciar, con su acción pastoral y su estilo de vida, que Jesucristo es la revelación de Dios Padre, y que, a través de Él, todos pueden encontrar al Espíritu Santo, fuente de vida y de amor. Porque esta búsqueda de Dios se ha manifestado más consistentemente y más abiertamente en las comunidades hispanas, esta edición se escribe en castellano con el propósito de llegar a estos agentes pastorales y proveerles la información que necesitan en el ejercicio de su ministerio. Su objetivo principal: más que una exposición académica, éste es un instrumento pastoral que pretende

---

[1] *Documentos Completos del Vaticano II.* «Decreto 'Unitatis Redintegratio' Sobre el Ecumenismo». Bilbao, Editorial Mensajero, 1980, párrafos 3 y 4.

dar información sobre algunos de los movimientos religiosos que han afectado y afectan con más frecuencia a las familias hispanas que residen en los Estados Unidos, con el fin de aclarar confusiones, proveer alternativas, y puntualizar la intención de la Iglesia desde el Concilio Vaticano II ante la realidad de estos fenómenos.

El contenido de esta publicación encierra muchos años de investigación, de reflexión y de enseñanza. A todos los que me han ayudado a crecer en la comprensión de estos fenómenos, y a todos los que de una forma u otra han contribuido a que la experiencia humana ilustre la teoría que esta publicación provee, les expreso mi más profundo agradecimiento: mis compañeros de clase, ya sacerdotes, del Seminario de San Vicente de Paúl de Boynton Beach, Monseñor Agustín A. Román, Obispo Auxiliar de Miami y Monseñor Bryan O. Walsh, P.A., que me exhortaron a estudiar estos temas desde la década de los sesenta, los seminaristas, algunos de ellos ordenados sacerdotes y otros no, que por casi veinte años han explorado conmigo el por qué de estos fenómenos en las clases de los Seminarios de San Juan María Vianney de Miami y de San Vicente de Paúl, muchos otros alumnos de los cursos externos de la Universidad Internacional de la Florida, algunos de los participantes en cursos del SEPI, y hasta los de las escuelas secundarias de la ciudad, sobre todo las jóvenes graduadas de Assumption Academy y de Notre Dame Academy en Miami en la década de los setenta.

A mis obispos y superiores a través de los años, Monseñor Coleman F. Carroll que siempre apoyó mis investigaciones, Monseñor Edward A. McCarthy que continuamente me motivó a evangelizar, y Monseñor John Clement Favalora, a quien conocí por primera vez —cuando era obispo de la diócesis de St. Petesburg-Tampa— en una de las clases de Cultura del SEPI y quien, desde entonces, comprende estos fenómenos y continúa apoyando mis reflexiones, les extiendo mi más profundo respeto. Indudablemente, a mi amigo sacerdote Joseph Stearns, quien me acogió con mucho cariño en su parroquia de St. William —diócesis de Venice— en agosto de 1997 para que yo me dedicase por completo al manuscrito, a Gustavo y Silvia Olmos, sin cuya generosidad no hubiese podido emprender tal proyecto, y a aquéllos que, con gran paciencia, lo han leído y han ofrecido sugerencias, enmiendas y correcciones, especialmente a Margarita Delgado, editora por excelencia, sin la cual no hubiese podido concluir esta labor y Rogelio Zelada, cuyas ideas artísticas —sobre todo para la portada del libro— facilitan que la lectura del texto sea más agradable, en fin, a los muchos devotos que han acudido a mi oficina en momentos de crisis y que me han ayudado a crecer espiritual y pastoralmente con sus experiencias personales o familiares, resumidas en algunas de las historias que cito en cada capítulo, ... a todos les brindo mi eterna gratitud.

Y a ustedes que, o bien por curiosidad o bien por interés, deciden acercarse a estas páginas que pretenden enlazar el pensamiento académico con la pastoral de la Iglesia, les ofrezco el fruto de mis investigaciones con gran alegría. Es una contribución concreta a los esfuerzos de inculturación que el Santo Padre Juan Pablo II ha querido promover en nuestra peregrinación hacia el Tercer Milenio; es un granito de sal dentro de un océano de reflexiones teológicas que trata de recuperar el sentido de lo Sagrado y la presencia de Dios en una sociedad insípida y sin sentido. En fin, es un faro de luz que se esfuerza por mostrar el camino hacia la Verdad en Jesucristo, «el sol que nace de lo alto y que ilumina a los que viven en tinieblas y en sombra de muerte». En las palabras del Santo Padre:

«Los avances proselitistas de las sectas y de los nuevos grupos religiosos en América no pueden contemplarse con indiferencia. Exigen de la Iglesia en este Continente un profundo estudio, que se ha de realizar en cada nación y también a nivel internacional, para descubrir los motivos por los que no pocos católicos abandonan la Iglesia. A la luz de sus conclusiones será oportuno hacer una revisión de los métodos pastorales empleados, de modo que cada Iglesia particular ofrezca a los fieles una atención religiosa más personalizada, consolide las estructuras de comunión y misión, a fin de hacer más viva la fe de todos los católicos en Jesucristo, por la oración y la meditación de la palabra de Dios (284)».[2]

[2] Juan Pablo II. *Exhortación Apostólica Ecclesia in America, Sobre el Encuentro con Jesucristo Vivo, Camino para la Conversión, Comunión y Solidaridad en América.* México: 23 de enero de 1999.

UN MUNDO FRAGMENTADO,
EN BÚSQUEDA DE DIOS

En los años sesenta, y gran parte de los setenta, varios filósofos, sociólogos y hasta teólogos mantenían que *Dios había muerto.* La religión como institución había perdido su espíritu. Para estos pensadores la religión se componía de huesos muertos, pero a diferencia de la metáfora que utilizó el profeta Ezequiel[3] estos huesos no volverían a vivir.

Sin embargo, unos años después surgió una serie de fenómenos extraordinarios: el culto al diablo, los espiritistas y astrólogos, los Hare Krishna y otras sectas orientales, así como la Santería, el curanderismo, los cultos y las sectas fundamentalistas, se popularizaron con gran rapidez en la mente y en el corazón del pueblo que, rechazando en la práctica la noción de que *Dios había muerto,* reaccionó persistentemente contra la tecnología y el materialismo de la sociedad buscando unirse a una realidad superior y transcendental.

A Dios se le ha buscado y se le sigue buscando hoy como antes en la naturaleza, en la comunicación extrasensorial, en el contacto con seres extraterrestres, en las invocaciones a dioses o a santos, en las mantras hindúes, en el canto intermitente de los Krishnas y hasta en los múltiples mensajes de las supuestas apariciones de la Virgen María y de Jesús a través del mundo entero. Algunos autores proponen que esta búsqueda 'apocalíptica' que a veces anuncia el final de los tiempos y, en otras ocasiones, mensajes de origen divino para personas especiales, se manifiesta típicamente a finales de cada siglo o de un milenio.

Esta búsqueda persistente de Dios ha dado pie a que los seres humanos se congreguen en grupos pequeños para provocar, a través de

---

[3] Esta imagen del profeta aparece en el capítulo 37 del libro de la Biblia que lleva su nombre. Para Ezequiel, el pueblo de Israel sobrevive como huesos muertos que esperan una nueva vida del Señor.

invocaciones, ejercicios de reflexión o experimentos mentales, que El se manifieste y haga contacto con ellos y que todos los seres humanos, por igual, se unan a El. Estos grupos se han constituido de varias maneras: algunos provienen de las ramas religiosas del Oriente, otros incluyen rasgos culturales y religiosos mezclados entre sí y aun otros se han sometido a un proceso evolutivo que les lleva a rechazar por completo al mundo y a la sociedad, como si a Dios solamente se le fuera a encontrar en el tránsito final. Los suicidios *comunitarios* del conocido culto «Templo de Dios» de Jim Jones en el año 1978 en la Guyana Inglesa y del culto de David Koresh en Waco, Texas, y los del culto «La Puerta del Cielo (*Heaven's Gate*)» de San Diego, California, en los 90, parecen señalar que a este Ser Supremo no se le puede encontrar en el mundo, que no vale la pena vivir porque en la vida no hay esperanza, que morir con otros y peregrinar con ellos al encuentro del poder transcendental que reside en el espacio resulta mejor que vivir afrontando la vida con todas sus vicisitudes y percances.

No obstante ello, la diversidad existente de cultos o sectas y movimientos religiosos forma parte de esta búsqueda general de 'lo espiritual' que pareció resurgir en los años sesenta y que aún se manifiesta a medida que se acerca el nuevo milenio. Es evidente que 'lo espiritual' causa más interés hoy en día que 'lo material', y que 'lo material', a pesar de satisfacer muchas de las necesidades físicas y ambientales de los seres humanos, no satisface su necesidad primordial de supervivencia, de eternidad. 'Lo material' nos reduce a la limitación de la vida; 'lo espiritual' –ya sea en las devociones de la Iglesia o en los grupos religiosos que proliferan por el mundo— nos indica un camino más amplio y transcendental, una vida eterna.

El ser humano siempre ha buscado a Dios para vivir en comunión con El. La Iglesia siempre ha sostenido que el ser humano puede llegar al conocimiento de Dios por la razón (*Trento*), y que el corazón es el lugar privilegiado donde Dios se revela a la humanidad (*Gaudium et Spes*). Es que a Dios se le ha buscado en todas partes menos en el corazón de los seres humanos donde le han descubierto tantos cristianos que le entregan su vida por medio de un cambio radical. Desde esta perspectiva, se puede señalar que el ser humano puede llegar a descubrir al Dios que se revela de tres maneras: en la naturaleza, en la historia, y en Jesucristo, el Señor, Cuyo regalo primordial es la salvación que comienza cuando uno le entrega su corazón para crecer en la fe. A esta entrega del corazón a Jesús se le llama «conversión», un proceso interno que los cristianos expresan más con sus obras que con sus demostraciones afectivas.

Para los cristianos, este cambio nace de poder escuchar con atención la Palabra revelada y compartida en la comunidad eclesial y de poder ver esa Palabra vivida en la acción redentora de la Iglesia que, en seguimiento de Jesús, ejerce continuamente Su caridad y Su generosidad hacia los más necesitados y pobres.

Conscientes de esta búsqueda de Dios por tantas agrupaciones de personas diferentes, tratemos de distinguir de una manera concisa la terminología que sobre estos grupos predomina en la literatura:

A. La palabra *religión* —más que una actitud o postura piadosa— describe una *relación* íntima y abierta, libre y amorosa, entre Dios y los seres humanos. Más que la afiliación a una doctrina o a una comunidad cuyas creencias aparecen fijas en el tiempo y en el espacio, la *religión,* como toda relación, debe nacer del interior de cada ser humano, aunque se manifieste exteriormente por medio de signos y símbolos religiosos.

B. La palabra *religiosidad* describe, pues, las diversas *expresiones* que cada grupo cultural ha conservado a través del tiempo en sus narraciones o historias, conocidas también como *mitos,* y en sus celebraciones familiares y comunitarias, llamadas, en general, *ritos o rituales,* como reflejo intrínseco de su relación con la divinidad.

En el ambiente católico, se ha reflexionado regularmente en las últimas décadas sobre la influencia que la *religiosidad popular, o piedad popular católica,*[4] tiene sobre las muchedumbres que no se identifican con la Iglesia regularmente por medio de su asistencia

---

[4] Además de *Evangelii Nuntiandi*, la «Exhortación Apostólica sobre la Evangelización en el Mundo Contemporáneo» de Su Santidad Pablo VI (1974), los párrafos 444-469 y 895-963 de *Puebla: La Evangelización en el Presente y en el Futuro de América Latina* proveen suficiente material para que individualmente, o en grupos, se empiece a examinar este tema pastoral de suma importancia.

a la eucaristía dominical o a la celebración de los Sacramentos, pero que sí expresan su fe católica por medio del uso de los sacramentales (ej. la imposición de cenizas, la distribución de los ramos) y la práctica de ciertas devociones populares relacionadas con la Virgen y con los Santos.

De hecho, cada grupo cultural, porque puede nombrar su *relación* con la transcendencia, con lo intocable e intangible, celebra esa relación de una manera comunitaria y la expresa por medio de su *religiosidad*.

C. La palabra *iglesia*, que viene del griego *Ekklesia*, denota *una convocatoria, una asamblea de creyentes que escucha la llamada de Dios en Jesucristo* y se reúne con otros en comunidad a celebrar su fe en El y a construir Su Reino.[5]

Esta palabra se asocia más con el Cristianismo que con otros grupos, pero en la actualidad se vislumbra como tal en la propaganda de la Iglesia de la Cienciología, creada por L. Ron Hubbard, y basada en el alivio del dolor y sufrimiento a través del desarrollo de la mente, mediante un proceso conocido como *auditing o processing* (que exige mucho dinero), y también en la propaganda de la Iglesia de la Unificación del Reverendo Moon, conocida como *La Asociación para la Unificación del Cristianismo Mundial*, cuyos «Principios Divinos» interpretan la historia de la humanidad basados en ciertos pasajes de la Biblia.

Ambos grupos no se pueden considerar como 'iglesias' aunque públicamente se presenten de esta manera; tanto por su origen como por sus creencias, se deben considerar como 'sectas' o movimientos religiosos que aparentan ser iglesias, por su carácter institucional, pero que en realidad enfocan aspectos ajenos a la asamblea de creyentes que viven comprometidos con el plan salvífico de Dios, revelado en el Señor Jesús.

---

[3] Esta descripción general encuentra su mejor expresión para nuestros agentes pastorales en la Constitución Dogmática «Lumen Gentium» sobre la Iglesia. *Documentos Completos de Vaticano II.* Bilbao: Editorial Mensajero, 1980. San Pablo la describe simplemente en Efesios 1:23.

D. La palabra *secta* describe un movimiento religioso que selecciona ciertos puntos de vista originados en el cuerpo doctrinal de una religión más universal; en otras palabras, la sectas llegan a escoger de un grupo mayoritario algún punto de vista específico sobre el cual basan su naturaleza, su mensaje y propósito. En muchas ocasiones, las sectas se dan a conocer por su tendencia al «reduccionismo bíblico» que separa ciertos textos de la Biblia del conjunto de la revelación.

En la mayoría de los casos, una misma secta tiende a dividirse con rapidez bajo la presión de sus miembros, o como reacción a alguna doctrina que el grupo rechace. Por ejemplo, los «Adventistas del Séptimo Día» formaron su secta de la iglesia Bautista, y, después, vieron nacer de ellos a los «Testigos de Jehová»; de los Testigos de Jehová se separaron los llamados «Amigos del Hombre». A su vez, algunas sectas, proponen que todas las iglesias cristianas son falsas; entre éstas, la de los Mormones, fundada por *Joseph Smith*.[4]

En ciertas publicaciones se han distinguido las sectas de origen cristiano de aquellas de origen no cristiano.[5] Otros autores parecen incluir a los cultos y sincretismos, que a continuación describiremos, en el grupo de 'sectas'. Conviene, por lo tanto, que escojamos el enfoque general de este tema, aunque aparezcan otras opiniones al respecto:[6]

---

[4] Sampedro Nieto, Francisco, C.M., *Sectas y Otras Doctrinas en la Actualidad.* Bogotá, Colombia: Consejo Episcopal Latinoamericano (CELAM), 1995, p. 47.

[5] *Ibid.* Considero este libro no solamente informativo, signo actual e imprescindible para el lector interesado, aunque presentemos en nuestro manuscrito una clasificación más popular y simple de la realidad de este fenómeno.

[6] Entre las publicaciones que existen, recomendamos aquellas que tan concisamente hicieran los editores de «Imágenes de la Fe» (Fetes et Saisons en español) en sus números 96 («Las Sectas»), 108 («La Nueva Ola de las Sectas») y 154 («Los Testigos de Jehová»).

En la tradición Lucumí de Cuba, éstas se conocen como
Las Siete Potencias Africanas,
con el Gran Poder de Dios en el centro.

Sectas de Origen Cristiano
Adventistas del Séptimo Día
Testigos de Jehová
Pentecostalistas
Mormones
Cuáqueros
Ejército de Salvación
Menotitas
Ciencia Cristiana
Movimientos de Jesús

Sectas de Origen No-Cristiano
Dios encarnado Maharaj Ji- «Luz Divina»
Hare Krishna
Iglesia de Unificación (Moonies)
Fe Universal Baha'i
Nueva Era (New Age)

E. La palabra *culto* se refiere a un movimiento religioso similar al de una secta, con la diferencia de que en el culto predomina mucho más la influencia de un líder carismático, que probablemente lo ha fundado, que las propias enseñanzas o doctrinas que se exponen como fundamentales al grupo.

Parecen ser muchos los cultos existentes en los Estados Unidos, a pesar de que solamente hemos mencionado hasta ahora tres de los más divulgados por la prensa. Mencionemos, aunque sea brevemente, algunas ideas sobre el culto al diablo.

Como secta, la afiliación al demonio en grupos pequeños ha predominado en todas las épocas. Perseguido y rechazado en la Edad Media, considerado como *magia negra* desde entonces, y favorecido por jóvenes curiosos o adultos que reconocen en el demonio una fuerza similar a la de Dios, el «culto al diablo» resurgió en 1966 bajo el liderazgo de Anton Szandor La Vey, quien no sólo lo popularizó para las nuevas generaciones por medio de la publicación de sus libros,[7] sino que a la vez estableció su Iglesia de Satanás en Los Angeles, California.

En el tercer capítulo haremos referencia a la influencia del mal como lo presenta este culto y como lo presenta la Iglesia. Por ahora, invitamos a nuestros agentes pastorales a que asuman la postura cristiana por excelencia, que rechaza la proposición de que las fuerzas del mal y las fuerzas del bien son iguales y que viven en una lucha constante cuando, en ciertas ocasiones, gana 'el bien' y en otras 'el mal'. Esta postura 'Maniquea'[8] del siglo IV (y condenada por la Iglesia) no puede subsistir en nuestra realidad eclesial que proclama continuamente en el anuncio de la Buena Noticia y por la celebración de los Sacramentos la victoria de Jesucristo en la Cruz, es decir, la Redención lograda por la glorificación del Señor.

---

[7] *The Satanic Bible* (La Biblia Satánica) en 1969 y *The Satanic Rituals* (Los Rituales Satánicos) en 1972; otra de sus publicaciones se titula *Complete Witch*. Además de la Iglesia de Satanás, son conocidos en los Estados Unidos los siguientes cultos o sectas con relación al diablo: *Temple of Set, Order of the Black Ram, Werewolf Order, Worldwide Church of Satanic Liberation, Church of War.*

[8] Entre muchas otras doctrinas, los Maniqueos proponían el dualismo por el cual las fuerzas del mal y las fuerzas del bien, por ser opuestas, vivían en una lucha continua. A veces ganaban las fuerzas del mal, y a veces las del bien. Su fundador, *Mani*, oriundo de Babilonia y nacido en el año 216 después de Cristo, extendió sus creencias a la India y a Egipto. Antes de su conversión al Cristianismo, el gran Agustín (el futuro San Agustín de Hipona) fue uno de sus más fieles adeptos. Desde entonces, los Padres de la Iglesia denunciaron las doctrinas de los «Maniqueos» como una 'herejía'. No obstante, éstos se establecieron como una secta con dos tipos de miembros, los 'elegidos' y los 'auditores' o 'catecúmenos'. Su influencia, al igual que su mensaje, siempre han persistido en las predicaciones de otras herejías tales como los Cataristas y Albigenses del siglo XIII. Este dualismo entre el mal y el bien, la luz y las tinieblas, tiene como objetivo el alcance del 'conocimiento' perfecto, o *Gnosis*, de los misterios divinos. El intelecto y el espíritu, por lo tanto, se sobreponen a cualquier tipo de atención a lo corporal o humano. Tal parece que las doctrinas de los Maniqueos, Albigenses y Cataristas, continúan surgiendo en este siglo en las ideas o creencias de los Rosacruces, Teosofistas, y fieles devotos del «New Age». Entre otras fuentes de información, véase a: Ries, J. «Manichaeism». *New Catholic Encyclopedia*. New York: McGraw-Hill Book Company, 1967, volume IX, p. 153.

F. Finalmente, la palabra *sincretismo* denota una mezcla de religiones y religiosidad, de mitos, ritos y símbolos de varias creencias religiosas, percibida en su conjunto como una realidad integrada y lógica donde las distinciones no existen. En las últimas décadas los sincretismos han predominado más en las comunidades hispanas que han emigrado a los Estados Unidos con una fe católica ya sincretizada con elementos religiosos de sus países de origen.

Los sincretismos más conocidos entre los hispanos de los Estados Unidos son:

— el *Curanderismo*, mezcla de devociones y sacramentales católicos con creencias y rituales de origen Maya;

— el *Espiritismo*, mezcla del catolicismo con creencias de origen indígena en el Caribe, aunque su popularidad se ha extendido por la influencia esotérica del pensamiento francés de Alan Kardec; y

— la *Santería*, o mezcla de costumbres y prácticas católicas con las que trajeron consigo a las Islas del Caribe y a Brasil los esclavos africanos procedentes del sudoeste de Nigeria, específicamente de la familia Yoruba. El sincretismo entre el catolicismo y otras familias africanas, además de la Yoruba, también tuvo lugar tanto en el Caribe como en las regiones más cercanas a las costas de América del Sur.

G. Otros grupos o movimientos religiosos.

Ciertos escritores señalan que a los siguientes movimientos se les puede considerar como movimientos sincréticos: los *Acuarios, Gnósticos, y Metafísicos;* otros opinan que los adeptos a la *Teosofía* y a las agrupaciones de los *Rosacruces,* por raíces 'espiritistas', también asumen posturas mezcladas.[9] Otros indican que ciertos grupos, tales como la *Sofrología*, fundada en Madrid

---

[9] Como nos lo recuerda Sampedro Nieto en su obra ya citada, *Sectas y Otras Doctrinas en la Actualidad,* la *Antigua Mística Orden Rosacruz (AMORC)* «es la asociación rosacruz más conocida y propagada en América Latina»*, p. 127.

alrededor de 1960 y la *Escuela Arica*, fundada en Chile alrededor de 1970 se proponen una cierta ampliación de la mente.[10]

La Nueva Era (*New Age*) parece también reflejar una mezcla de creencias orientales, tales como la reencarnación, con prácticas espiritistas basadas en el desarrollo de la mente o el espíritu; desde esta perspectiva, pudiéramos clasificar este movimiento como uno de los sincretismos modernos más populares en la actualidad, sobre todo entre los jóvenes.[11]

Se palpan sus temas más directamente en los medios de comunicación que, de una forma casi continua, distribuyen programas de televisión y películas de largo metraje basados en conceptos esotéricos, ocultistas, y pseudoreligiosos; en éstos, Dios aparece como un ser lejano e invisible, impersonal, ajeno a la Revelación, como una 'energía' que guía a los seres humanos en un proceso de transformación espiritual por el cual se unirán al 'cosmos' para formar una sola unidad, ya que Dios, el mundo, la tierra, y el hombre son 'uno'.[12]

«¿Y la masonería?», muchos se preguntan. «¿Es un culto, una secta, una religión?»[13]

De origen inglés, la masonería se constituyó como una fraternidad bajo la protección de San Juan Bautista. Durante la Edad Media se dedicó a la educación moral de sus miembros y, a pesar

---

[10] Vernette, Jean. *Ocultismo, Magia, Hechicerías*. Madrid: Editorial CCS, 1992, p. 31.

[11] La siguiente publicación en inglés provee una síntesis muy completa de la naturaleza y desarrollo de la Nueva Era. «The New Age: a Challenge to Christianity». *The Catholic World*. New Jersey: Paulist Press, May/June 1989, vol. 232, No. 1389.

[12] En el Apéndice aparecen más datos sobre el sincretismo de la 'Nueva Era', relatados con mucha sensibilidad en la reflexión teológica de los eclesiásticos que citamos.

[13] Para conocer más la masonería, se recomienda, entre otras publicaciones, la siguiente: Whalen, W.J. «Freemasonry». *New Catholic Encyclopedia*. New York: McGraw-Hill Book Company, 1967, volume VI, p. 136.

de ser abolida en 1547, se organizó de nuevo para fines educacionales.

Conocida como una *sociedad secreta*, en el siglo XVIII se convirtió en refugio para los que profesaban la filosofía Deísta que rechazaba la Revelación y, por supuesto, la Trinidad, manteniendo solamente su creencia en un Dios Creador. En Europa, y más adelante, en Latinoamérica, la masonería adquirió sentimientos anticlericales sobre todo entre los grupos independentistas de las Américas que buscaban la libertad de sus pueblos y el establecimiento de su propia nación. En los Estados Unidos, sin embargo, ha sido siempre considerada como una sociedad filantrópica y social que exige la creencia en Dios y no despliega sentimientos antireligiosos.

Desde el siglo XVIII, la masonería ha sufrido la condena de varios Papas, particularmente, entre otros: Clemente XII en 1738, Benedicto XIV en 1751, Pío VII en 1810, Pío IX en 1864 y León XIII en 1884. A la masonería se le ha condenado, entre otras, por las siguientes razones: la negación de que se puede conocer la verdad objetivamente, y, por consiguiente, su convicción en el relativismo o subjetivismo que llega a ver a Dios en todo, como el Gran Arquitecto, pero sin haberse revelado. Esta actitud 'Deísta', por lo tanto conlleva la negación de Jesús como la Palabra revelada y acepta que todas las religiones son iguales, aunque la pertenencia a la masonería implica un compromiso superior y más sagrado.[14]

El Desafío Pastoral: Modelo y Reflexión Inicial

Los movimientos religiosos que hemos descrito brevemente no se presentan ante nosotros como teorías o posturas ficticias, sino encarnados en muchas personas que forman parte de algunos de estos grupos y a la vez asisten a la Iglesia. Estos seres humanos que se acercan a nuestros despachos y grupos parroquiales siguen buscando a Dios, a pesar de vivir una vida religiosa doble y esperan de nosotros

---

[14] Sampedro Nieto, Francisco, C.M., *Sectas y Otras Doctrinas en la Actualidad*, p. 274.

orientación y respuestas. Hagamos el esfuerzo de no abandonarlos en su búsqueda. Contemplemos la experiencia humana en su búsqueda de Dios y de la eternidad sin hacer juicios ni formar opiniones que nos coloquen en una actitud superior, paternalista y condescendiente. Seamos como Jesús, pacientes y humildes de corazón.

El señor Smith entró en mi oficina muy consternado. Se sentó frente a mí del otro lado de mi escritorio y me mostró lo que aparentaba ser un mapa inmenso; era un círculo amplio rodeado de flechas y señales ajenas a mí. Parecía, en realidad, un mapa medieval conservado por monjes que proponían alguna nueva teoría científica para la posteridad. De hecho, ese mapa monstruoso, según me explicó el señor Smith, era su configuración o análisis astrológico —como dicen en inglés, su chart. «Esto es ridículo», añadía, «Ya yo no creo en esto, pero estoy atado. No me puedo zafar de él». Escuché su ansiedad por largo tiempo; le pedí que me dejara el chart, y concluíamos hablando de Jesús.. .pero el chart no me lo podía dejar...

Muchos, como el señor Smith, quieren dejar a un lado ciertas prácticas, ciertos grupos, ciertas creencias, y no saben cómo hacerlo. Muchos más se sienten atados a los símbolos que reflejan su afiliación a estas prácticas, creencias o costumbres, y no conocen el medio apropiado para deshacerse de ellas. Todos parecen vivir acongojados y lejos de la libertad para escoger su presente y su futuro; en una palabra, amarrados al 'destino'.

Lo que para el señor Smith es el 'destino' hoy se le conoce como 'astrología', pero conviene distinguirla de la 'astronomía'. A la astronomía se le considera 'ciencia', el estudio de la posición de los planetas, de su origen, estructura y desarrollo, de las leyes que gobiernan los cuerpos celestes, su magnitud y movimiento. La 'astrología', por otro lado, no es una ciencia, sino una 'interpretación' de la influencia que ejercen los astros sobre los seres humanos, de la relación que existe, desde el momento de nuestro nacimiento, entre el sistema de los ocho planetas, las doce constelaciones, los signos zodíacos y la línea imaginaria del horizonte.

La astrología sostiene que el ser humano nace con un destino. Desde el día de su nacimiento, y de acuerdo con la posición del sol, la luna y los planetas y su relación con esa línea imaginaria, la personalidad y el futuro del ser humano ya están determinados.

Muchos como el señor Smith creen que la astrología les puede asegurar un futuro mejor, quizás porque el presente se les manifiesta con muchas presiones personales y sociales. La expresión más popular de la astrología aparece en la lectura de los 'horóscopos'. Provenientes de Nínive, la antigua capital de los Asirios, desde el siglo VII antes de Cristo y combatidos por los Padres de la Iglesia, los horóscopos fueron revividos en el siglo IX y continúan formando parte de la experiencia diaria de muchas personas. Si es cierto que a veces coincide el horóscopo con lo que hacemos (y casi siempre de un modo muy general), nunca puede coincidir en lo que somos.

Junto a los astrólogos, se presentan también los cartománticos, que leen las cartas, y los quirománticos, que leen las rayas de las manos. Ambos grupos pretenden facilitarle al creyente la respuesta a sus preguntas más importantes, y la visión futura de una realidad inevitable. Tanto por la lectura de los 'horóscopos' como por las llamadas telefónicas a los psíquicos, o consultas individuales con los astrólogos, como hizo por años el señor Smith, la astrología y sus derivados conquistan el corazón humano y, ante la vulnerabilidad causada por una crisis, fomentan bastante inseguridad y miedo. Sus practicantes carecen del ánimo necesario para ejercer su libertad plena y, de por sí, se hacen más vulnerables a la manipulación de los que la proponen como la solución a toda crisis.

Hacia un Análisis de los Fenómenos Religiosos

A través del ejemplo del señor Smith y de otros semejantes comencemos a vislumbrar los elementos involucrados en esta situación pastoral tan común en nuestro ambiente y que no se limita a astrólogos, cartománticos y quirománticos, sino a muchos otros grupos o movimientos religiosos de las últimas décadas. Más que de un proceso de secularización, bastante necesario para distinguir nuestras metas y objetivos, estos elementos indican formar parte de un proceso de desintegración total; con ellos, sin embargo, podremos encontrar pistas para una nueva evangelización:

—**la dimensión cultural** que expone la rapidez de los cambios sociales y la necesidad que tenemos todos de adaptarnos a esos cambios y de ayudar a otros en este proceso de adaptación.

—dentro de este contexto, la **dimensión simbólica** de los seres humanos, es decir, la importancia que los símbolos conllevan en la vida humana, y la dimensión socioeconómica que afecta sus relaciones humanas.

—el **aspecto doctrinal** propuesto por el grupo y sus líderes como el 'mensaje' para todos, dentro de este aspecto — y, sobre todo, en el caso de aquellos que son bautizados católicos— la ausencia del conocimiento y de una experiencia equilibrada de Jesús y de la Iglesia.

—el **aspecto psicológico** que se manifiesta regularmente por una crisis personal que necesita solución inmediata, — y junto a este aspecto, la **dimensión parapsicológica** que a veces se manifiesta a través de fenómenos naturales que se interpretan inmediatamente como sobrenaturales, sin la intervención de ningún análisis crítico.

En los siguientes capítulos se examinará, quizás de una manera intercalada, esta aparente polaridad entre *cultura-símbolo, doctrina-Jesús, y psicología-parapsicología* para facilitarles a nuestros agentes pastorales un marco de referencia que les pueda ayudar en el ministerio, primero a descubrir las 'crisis', prestándoles su tiempo y su oído a las personas que las cuentan, y, después, a ayudar a las personas mismas a comprenderlas para que se puedan sentir más libres y más felices en su relación con Dios (*religión*).

Por el momento, resumamos: los seres humanos no pueden subsistir a solas, sino en el contexto de una familia o una cultura que les provea sus valores básicos y necesarios. Ante las presiones sociales — que en la mayoría de los casos, surgen como resultado del incremento y la rapidez de los cambios sociales dentro de una propia cultura o cuando la familia decide mudarse hacia otro país y hacia otro ambiente cultural —los seres humanos necesitan adaptarse a su nueva situación sin perder su identidad cultural, ya que si la pierden, pierden todo un marco de referencia primario sin el cual no pueden subsistir. Se palpa esta necesidad de adaptación en todas las partes del mundo, a la vez que se nota la falta de adaptación en ciertos lugares donde los grupos culturales se han mantenido en lucha por razones históricas a través de muchos siglos (ej. Bosnia, Croacia, Eslovenia, o los grupos flamencos de Bélgica y los grupos franceses, o incluso en el norte de América la disyuntiva entre la provincia de Quebec y el resto de Canadá).

Sujetos a crisis personales, sociales, familiares y, sobre todo, de orden religioso, los seres humanos buscan mecanismos que les ayuden a superar dichas crisis. Muchos se olvidan, primero, de que la crisis más seria no es la económica, sino la crisis de identidad, por lo general injertada en la visión de cada persona o de cada familia o en su mundo religioso; y que sólo en Dios y en una comunidad de fe han de descubrir una nueva senda de integración cultural, familiar y, sobre todo, religiosa. Por otro lado, cuando la comunidad de fe que los acogió en su iniciación les ignora o no sabe cómo atenderlos, los seres humanos buscarán en otro ambiente o grupo religioso el camino hacia la paz integral que tanto anhelan. Sobre la importancia que tiene este aspecto de «hospitalidad» en nuestras comunidades parroquiales y el resultado que encierra el no ser hospitalarios nos han hablado ya seriamente los Obispos de este país.[15]

Aunque insistimos en que este fenómeno religioso se ha manifestado de múltiples modos en muchas partes del mundo, en concreto nos podemos preguntar: ¿Será esta la experiencia de muchos hispanos en los Estados Unidos: seguir a las sectas, cultos o sincretismos y no a la Iglesia? ¿Por qué a veces es ésta la experiencia de familias hispanas no sólo en este país sino en sus propios países y culturas? ¿Qué podemos

---

[15] Conferencia Nacional de Obispos Católicos. «La Presencia Hispana: Esperanza y Compromiso, una carta pastoral sobre el ministerio hispano» (12 de diciembre de 1983). Washington, D.C.: U.S.C.C., 1984.

hacer como miembros de la Iglesia universal y local? Las posibles respuestas a estas preguntas se podrán descubrir más que en la teoría de los libros en nuestra forma auténtica de ser 'iglesia', pueblo de Dios en marcha.

Hacia una Integración Espiritual: La Familia Hispana en los EE.UU.

El mosaico cultural que compone la realidad eclesial de los Estados Unidos nos obliga a pensar y a sentir de un modo especial sobre la Iglesia Católica en este país y el impacto de estos grupos religiosos en los católicos hispanos. Los Estados Unidos están constituidos por una combinación de grupos culturales procedentes de todas partes del mundo que buscan reajustar sus raíces dentro de un marco eclesial y humano.

Como verdaderos peregrinos, y no como turistas curiosos, los católicos hispanos traen consigo a su nuevo hogar no sólo un tesoro espiritual que define sus raíces culturales, sino una energía vibrante que incluso enriquece la situación cultural que confrontan. Sin este tesoro o esta riqueza, la peregrinación de estas familias pierde su enriquecimiento.

A su vez, los agentes pastorales que sienten el llamado a servir a la comunidad eclesial en nuestros centros multiculturales se hacen otro tipo de pregunta: «¿Cómo podremos servir a tantos grupos de católicos —hispanos, haitianos, anglos de diferentes lugares, afroamericanos, asiáticos, nativoamericanos— en un medio social tan complejo y multicultural y lograr que se sientan unidos por la misma fe, el mismo bautismo y el mismo Señor, sin provocar una pérdida de identidad propia?»

Tanto aquellas familias involucradas en el proceso de integración cultural, como los agentes pastorales que quieren servirles, deben encontrar juntos las respuestas a estas preguntas. Este mismo dilema y estas mismas preguntas se han venido presentando en las comunidades de afroamericanos desde hace mucho tiempo, al igual que en los grupos inmigrantes europeos en este siglo. No es suficiente indicar que el dilema afecta solamente a «grupos étnicos minoritarios»; debemos comenzar a comprender que la problemática provocada por la continua movilidad de nuestras familias y su necesidad de integrarse a nuevas situaciones afecta a todas las familias católicas de esta nación.

Estas dos preguntas básicas, sin embargo, surgen de la necesidad común de reflexionar sobre el desafío que la evangelización, la renovación espiritual y la inculturación litúrgica le presentan a la Iglesia de los Estados Unidos en la actualidad. Para re-descubrir la respuesta espiritual a estas preguntas, analicemos en la dimensión cultural algunos de los criterios más significativos.

Criterios para una Integración Cultural

El tema «Pluralismo Cultural» llegó a las manos de nuestros agentes pastorales en 1981 por medio del documento «Pluralismo Cultural en los Estados Unidos», redactado por el Comité Pro Desarrollo Social y Paz Mundial de la Conferencia Católica de los Estados Unidos y aprobado por el comité administrativo de la Conferencia Nacional de Obispos Católicos.[16]

Este documento, sin duda, señala la postura de los obispos del país que rechazan la teoría del «crisol de culturas» (*melting pot*), por la cual todos los inmigrantes han de perder su identidad cultural para asumir una nueva identidad asimilada. Inspirados por una postura filosófica pluralista, nuestros obispos promueven en dicho documento la teoría del «mosaico cultural» (un modelo de *ensalada*) , por la cual varios grupos culturales pueden convivir en una misma ciudad, barrio o parroquia enriqueciéndose mutuamente, aunque manteniendo sus raíces y su propia identidad.

Se puede hablar de la integración, por lo tanto, como el proceso por el cual estos grupos culturales llegan a formar un mosaico de rasgos y actitudes culturales dentro de una misma sociedad.

---

[16] U.S.C.C. Committee for Social Development and World Peace, «Cultural Pluralism in the United States». *Origins*, 10:31 (January 15, 1981).

Aunque quisiéramos señalar que estos conceptos surgen exclusivamente de los escritos de antropólogos como Herskovitz[17] o Fernando Ortiz, se necesita recordar que Jesús mismo señaló este proceso, ya que para El las preocupaciones y los dolores de un centurión eran tan importantes como las de los liturgistas y catequistas de su época.

Ciertamente, el pluralismo cultural como base filosófica, y la integración como el proceso que las canaliza, caracterizaron la vida de las comunidades cristianas de los primeros siglos.

Nuestros hispanos actualmente quieren experimentar el proceso de integración de una manera recíproca y dinámica para contribuir positivamente a la sociedad que los acoge mientras se mantienen diferentes y fieles a su fe. En la mejor tradición católica, las familias hispanas nos convocan durante los festivales parroquiales, en las fiestas marianas y en varias de las celebraciones claves del año litúrgico para que, juntos, experimentemos los dones de sus tradiciones. Desde esta perspectiva, y como un preámbulo para una inculturación adecuada, proponemos los siguientes tres criterios para llevar a cabo un buen proceso de integración.

El primero declara que la «diversidad» o diversificación cultural no debe ser una amenaza para las comunidades, sino una riqueza. Compartir la vida parroquial con otros que hablan de forma diferente y reflejan diferentes gustos o costumbres no debe representar un problema, sino más bien una bendición. Este criterio, a su vez, denuncia la teoría del aislamiento cultural, por la cual grupos culturales se mantienen al margen de la sociedad y rehusan compartir con los demás. Como el sociólogo Andrew Greeley ha señalado, una verdadera diversificación cultural no conlleva de por sí un conflicto. Más que una oportunidad para alejarse de otros grupos, este criterio nos ayuda a reconocer la necesidad de injertarnos en la vida multicultural de nuestras comunidades.

---

[17] La palabra «transculturación», forjada por Fernando Ortiz, refleja mejor la dimensión recíproca que los grupos culturales experimentan durante el proceso de integración; otros escritores utilizan la palabra compuesta «interculturación», o, en inglés, la palabra *acculturation*.

En segundo lugar, contemplemos el criterio de «selectividad». En simples palabras, los grupos culturales seleccionan de la cultura dominante nuevos estilos de vida y nuevas formas de convivir siempre que sus propios valores no sufran un cambio drástico y radical. Durante este proceso, los signos externos y visibles del grupo, tales como la música, las comidas y hasta el vestuario, son más fáciles de seleccionar que aquellos símbolos, conservados en el corazón de cada uno de sus miembros, que forjan sus actitudes y creencias básicas. El idioma, que es un vehículo para conocer una cultura dada, forma parte de este centro simbólico que cada grupo cultural preserva; no es simplemente un medio de comunicación externa. El deseo de preservar el idioma acompaña un anhelo de preservar la tradición, ya que el idioma es la llave que abre las puertas más sensibles de la herencia cultural de cada grupo.

Para que este criterio funcione como parte del proceso de la integración cultural, cada grupo necesita ser selectivo en lo que adquiere de sus grupos vecinos y a la vez mantener un diálogo continuo con ellos.

El tercer criterio nace del concepto de «marginalidad» o «liminalidad» elaborado por el antropólogo simbólico Victor Turner.[18] Siguiendo los estudios de Arnold van Gennep[19] sobre los «ritos de paso o de transición», Turner desarrolló en sus libros la capacidad que los grupos culturales reflejan por medio de sus rituales comunitarios. A medida que los miembros del grupo alcanzan una etapa crítica en su vida, ya sea la niñez, la adolescencia, la madurez o la muerte, el grupo los separa de su medio ordinario y antes de volver a incorporarlos otra vez a sus nuevas labores les comunica por medio de símbolos todo lo

---

[18] Las siguientes publicaciones, entre otras, proveen una explicación más explícita de este concepto: Turner, Victor. *The Ritual Process*. New York: Cornell University Press, 1967, *Drama, Fields, and Metaphors*. New York: Cornell University Press, 1974, y Turner, Victor and Edith. *Image and Pilgrimage in Christian Culture*. New York: Columbia University Press, 1978.

[19] van Gennep, Arnold. *The Rites of Passage*. Chicago: The University of Chicago Press, 1960.

que necesitan para vivir su nueva misión auténticamente. Este período de comunicación simbólica, donde los ritos predominan, es la etapa «marginal» o «liminal».

Turner nos dice que lo que ha sucedido con individuos en los grupos de van Gennep debe suceder con nuestros grupos culturales en la sociedad. Es importante que cada grupo cultural se separe de vez en cuando de su vida ordinaria en la sociedad norteamericana (o donde se encuentre en el mundo) para que experimente, como grupo, sus raíces y sus tradiciones en una etapa «pseudomarginal» a la que Turner llama *communitas*. Quizás la multiplicidad de festivales de música, o arte, celebraciones cívicas y religiosas, demostraciones o desfiles públicos, puede servir para provocar momentos «marginales» (*liminales o liminoides)* de calidad que les den energía interna y alimento simbólico a los miembros del grupo antes de integrarse de nuevo a su vida ordinaria. Turner ha señalado que esta lejanía de la estructura social para experimentar una sensación «antiestructural» es conveniente durante aquellos momentos de crisis que los grupos culturales experimentan en su proceso de integración.

De acuerdo con este tercer criterio nuestras familias hispanas se sienten más en su casa cuando recuerdan su mitología y sus tradiciones y cuando celebran los múltiples rituales que sostienen dicha mitología. Durante los momentos cumbres del año litúrgico y por medio de las celebraciones de la religiosidad popular, nuestras comunidades hispanas experimentan un nivel de libertad y de enriquecimiento que les permite después incorporarse a la vida rápida y apremiante de nuestra sociedad.[20]

Separados por un tiempo de las presiones legales, económicas y políticas que a veces no entienden pero que les agobian, nuestros hispanos descubren en sus corazones el tesoro inigualable de la fe en Jesús y el amparo que sólo la Virgen y los Santos les facilitan; con

---

[20] La espiritualidad del pueblo hispano se puede palpar continuamente en aquellos momentos del año litúrgico en que las comunidades hispanas complementan los rituales oficiales de la Iglesia con las celebraciones propias de lo que llamamos el «calendario popular». De hecho, para nuestros hispanos, estos calendarios —el oficial y el popular— probablemente sean uno solo.

ellos pueden seguir peregrinando por las calles ruidosas de nuestras grandes ciudades, llevando consigo, como en un desierto silencioso, el peso de sus crisis. Detrás de sus imágenes y devociones, no obstante, esperan encontrar a alguien que les hable y les muestre el camino hacia la paz interior que tanto buscan. Desafortunadamente, cuando los agentes pastorales no estén presentes para proveerles desde la parroquia o desde la experiencia del movimiento apostólico este proceso dinámico hacia esa paz, se dirigirán a otros grupos en busca de la misma integración 'espiritual' que nuestra Iglesia posee pero que no les brinda en ese momento.

Nos podemos preguntar: ¿Pudieran algunos de estos criterios antropológicos ser válidos para lograr una integración espiritual en nuestro ambiente? Por supuesto. La gracia de Dios se manifiesta continuamente para transformar nuestra naturaleza humana. Mientras más nos conozcamos individualmente y como miembros de un grupo definido en el ambiente y en la historia, más libres nos llegaremos a sentir para permitir que Dios nos haga «crecer» con el firme propósito de ayudar a crecer a los demás, aunque hablen un idioma distinto al nuestro y formen parte de un grupo cultural diferente. Después de todo, ¿no es esto lo que significa ser 'iglesia'?

Intercalados en las secciones finales de este manuscrito descubriremos más claramente algunos de los criterios de la vida espiritual que nos pudieran asistir en nuestra misión de lograr armonía e integración ante un mundo fragmentado y desintegrado que se manifiesta con una multiplicidad de sectas, cultos, 'religiones' y 'religiosidades', movimientos religiosos y sociedades secretas, que pretenden llenar las necesidades de todos los que se sienten en «crisis» y buscan a Dios. Mientras tanto, y por la necesidad que existe hoy en día de vislumbrar estos fenómenos a la luz de nuestras familias hispanas en los Estados Unidos y a la luz de nuestra Iglesia que está llamada a responderles en sus necesidades, examinemos más detalladamente algunos de estos fenómenos. Ya reconocidos por nuestros agentes pastorales por varias décadas, algunos de estos movimientos religiosos, procedentes de las comunidades del Caribe que residen en los Estados Unidos, se han dado a conocer a otras comunidades hispanas y a algunas familias norteamericanas que no tienen raíces hispanas pero que sí comparten la amistad y la confianza de algunos hispanos. Este «cruce» cultural y religioso parece apuntar proféticamente hacia nuevas experiencias multiculturales en los Estados Unidos que todos debemos anticipar.[21]

De los fenómenos religiosos existentes, señalaremos dos de los más conocidos en los próximos capítulos: la *Santería* y el *Espiritismo*. Puede que su manifestación y su popularidad en nuestro ambiente se deban a varios factores; de ellos señalaremos el siguiente, haciéndonos una pregunta: ¿Habrán encontrado muchas de nuestras familias en las tradiciones folclóricas y religiosas de su historia una manera de re-descubrir sus raíces para adaptarse a nuevas situaciones? Proponemos que, aunque este factor de 'adaptación' nace de una reflexión socio-antropológica, nunca podremos proveer una respuesta completa a esta pregunta si no incluimos en nuestra reflexión el elemento religioso, que consideramos imprescindible.

La Santería y el Espiritismo representan, entre otros sincretismos religiosos del Caribe, un desafío inigualable para la misión evangeliza-dora de la Iglesia. Como sincretismos religiosos —en lo que tienen de mezcla de otras religiones no cristianas, tales como la Yoruba, o las religiones propias de la cultura indígena Arawak— no pueden ser aceptados por la Iglesia. No obstante, la Iglesia descubre cada día más en la *religiosidad* popular de los pueblos hispanos, devociones y símbolos auténticos que, bien utilizados, pueden transformar y purificar los aspectos sincréticos que aparecen arraigados en las prácticas de muchas familias procedentes del Caribe y de sus vecinos en los Estados Unidos.

---

[21]   Han sido muchos los ejemplos de este cruce cultural que han llegado a mi oficina en persona o por teléfono, sobre todo matrimonios compuestos por miembros de diferentes culturas (anglo e hispana) que han sido afectados negativamente porque uno de los cónyuges, influenciado por su familia, practica la Santería. También es necesario recordar que, desde los primeros años de la década de los setenta, muy cerca del pueblo de Beaufort, Carolina del Sur, existe una aldea de afroamericanos que han adoptado el lenguaje, las vestimentas, las costumbres y la religión de sus antepasados, los Yorubas del sudoeste de Nigeria. Se conoce esta aldea como *Oyo-Tunji Voodoo Village*.

Para realizar bien esta misión se necesita un doble conocimiento. Por un lado hay que conocer el Evangelio, los valores catequéticos y litúrgicos de la comunidad eclesial, y, por otro lado, es necesario conocer también la naturaleza, origen y desarrollo de los sincretismos religiosos. Sólo así, lentamente, y a través de un largo proceso de madura reflexión, podrá ser experimentada esta religiosidad popular como una puerta a la evangelización de nuestras culturas y un camino adecuado para la inculturación del Verbo-Hecho-Carne en el corazón de nuestros pueblos.

Elegba a la entrada del Templo de Ochún en Osogbo, Nigeria.
Foto del autor.

LA SANTERÍA: IMÁGENES DE DIOSES

El tema de la *Santería* ha sido por varias décadas un tema «ardiente» no sólo entre sus adeptos, sino más bien entre todos los miembros de la sociedad. En los años setenta no había una sección de la ciudad de Miami donde en una forma u otra no sobresalieran su existencia y su crecimiento en la comunidad.

Desde entonces parece haber tomado un auge crítico a la vez que la ciudad misma de Miami y el Condado de Miami-Dade han sido objeto de múltiples cambios locales que han conllevado, por lo general, a una serie de crisis comunitarias. Sospechamos que también en Cuba — y con relación a sus condiciones económicas y sociales— la Santería haya asumido más o menos un gran interés entre los habitantes de la Isla que nunca fueron 'señalados' cuando la han practicado, a diferencia de aquellos practicantes cristianos que, fieles a su compromiso de fe y a su Iglesia, fueron objeto de discriminaciones sociales y de cierto rechazo.

En el Sur de la Florida, y al final de la década de los setenta, la Santería se había estabilizado como 'tema' de interés público para la prensa, pero se acrecentó con la llegada de los «Marielitos» en 1980; y con la crisis de la ciudad, que acogió inesperadamente a 125,000 refugiados en treinta días, la práctica de la Santería adquirió un notable resurgimiento entre sus adeptos y muchos otros curiosos. A mediados de los ochenta, este fenómeno religioso pareció estabilizarse de nuevo a medida que los refugiados del Mariel se ajustaban a una nueva sociedad, pero a finales de la década y comienzos de los noventa la Santería asumió el interés no sólo de la prensa sino del sistema judicial de este país cuando la Corte Suprema, bajo la primera enmienda de la Constitución, declaró que los «sacrificios de animales» practicados por la Santería eran permisibles como un ejercicio público y libre del derecho a practicar la religión. Tal declaración, seguida por la llegada de los «balseros» que escapaban de Cuba por el mar y que fueron agrupados en la Base Naval de Guantánamo (donde cientos de ellos practicaban la Santería), han hecho resurgir el interés por este sincretismo no solamente entre cubanos, o sus vecinos, sino entre muchos otros curiosos e interesados que aun así buscan a Dios.

A mediados y a finales de la década de los ochenta tuve la oportunidad de visitar la Isla de Cuba después de casi veinticinco años de ausencia. En aquel momento en que visitaba a los únicos familiares que tenía en la Isla, pude palpar que la Santería seguía siendo un tabú para los cubanos, sobre todo para la Iglesia, aunque ya entre sacerdotes, religiosos y laicos comprometidos se consideraba, junto a la religiosidad popular, como un desafío pastoral. Para el gobierno parecía ser muy natural; hasta cierto punto, quizás por su deseo de promover costumbres autóctonas, o por razones de folclore, el gobierno parecía fomentar su existencia y, según el testimonio de muchos con quienes conversé, toleró sus prácticas más que las de las iglesias cristianas. Esto lo comprobé años después cuando, visitando a los balseros en Guantánamo con Monseñor John Clement Favalora, Arzobispo de Miami, y su obispo auxiliar, Monseñor Agustín Román, observé que, junto a las comunidades de cristianos comprometidos que también se habían escapado de la Isla, compartían sus tiendas-dormitorios muchos grupos de adeptos a la Santería y a otras prácticas sincréticas de origen africano.

Finalmente, si contemplamos la dimensión artística, recientemente desplegada por medio de películas, pinturas, esculturas y bailes, tanto en Cuba como fuera de Cuba, tal parece que los ritos y las prácticas de la Santería que siempre formaron parte de la cultura cubana, aunque en secreto, ahora constituyen una dimensión tan esencial y común que puede que muchos la vislumbren como el modelo de 'religión' y de 'religiosidad' más aceptada y más practicada por el pueblo. Recordemos, no obstante, que lo que puede convertirse en una atracción turística hoy en día, no ha llegado a satisfacer el alma de los cubanos que siguen buscando a Dios y, que por el crecimiento palpable de las comunidades eclesiales en los últimos años, parecen encontrarlo más que antes en la Iglesia de su bautismo y no en las prácticas sincréticas de su cultura.

Pude palpar vivencialmente esta realidad durante mi visita más reciente a la Isla, donde descubrí áreas rurales que hacía cinco años carecían de atención religiosa y que hoy vibran con grupos de catequesis misioneras, parroquias que, a pesar de sus limitaciones, florecen con una liturgia dinámica, grupos de jóvenes hambrientos por compartir sus ideas sobre la Iglesia con los demás, centros de ayuda a los más necesitados (Cáritas) por igual —católicos o no católicos—y un catecumenado incipiente que ha de brindarle a la Iglesia Cubana más servidores y más evangelizadores conversos y comprometidos.

Dejémosles, pues, a nuestros sociólogos, y al futuro, el peso del análisis que pueda discernir de veras si la Santería se ha convertido en la religión 'oficial' de Cuba, o si es, como muchos opinan, un mecanismo transitorio de reacción. Por nuestra parte, compartamos en la actualidad nuestras experiencias fuera de Cuba, desde donde la religión Yoruba de los esclavos se ha extendido por razones diversas y donde los nombres *Lucumí y la Regla de Ocha* se han sustituidos por el más popular de *«Santería»,* no sólo en ensayos periodísticos y en nuevas publicaciones, sino hasta en guiones de Hollywood y de la televisión norteamericana.

Nociones Generales: Preámbulo al Sincretismo

El pueblo cubano, por lo general, cree en Dios; pero, para muchos, este Dios vive muy lejos de ellos. En realidad, tal parece como si viviera escondido, juzgando a la humanidad con una actitud vengativa y buscando a aquellos que hacen el 'bien' para recompensarles, o el 'mal' para castigarles. Para otros este Dios vive escondido porque lo escondieron detrás de definiciones dogmáticas que solamente apelaban al intelecto y no al corazón. Hemos notado que la *religiosidad* de un pueblo expresa la *relación* que el mismo pueblo tiene con Dios; ahora señalamos que esta *relación* depende de la imagen de Dios (*imago Dei*) que el pueblo tenga o haya aprendido a través de su historia. Hoy más que nunca afirmamos que el pueblo cubano tiene una imagen confusa de Dios; nos preguntamos de nuevo: ¿qué se puede hacer?

Si en los años setenta aún se consideraba la Santería como un tema insignificante o denigrante, ya no podemos tratarlo de esta manera, precisamente porque ha persistido —y persistirá— en nuestras comunidades multiculturales. Si la tildábamos como un problema 'racial' que sólo afectaba a un segmento de la sociedad, expuesto al mismo por sus condiciones socioeconómicas inferiores al del resto de la población, la realidad ha demostrado que la Santería se ha manifestado en todas las clases sociales de cubanos y no cubanos porque su permanencia no depende de las condiciones socioeconómicas sino de la condición del corazón humano cuando experimenta una crisis personal o familiar. Ha llegado el momento de situar la Santería, y otros fenómenos similares, dentro del contexto de la búsqueda de Dios que señalamos en el primer capítulo. Es nuestra la oportunidad de seguir la llamada a la evangelización que hiciera Su Santidad Pablo VI en su Exhortación Apostólica de 1974 para comenzar evangelizándonos nosotros primero emprendiendo nuestro camino hacia el mundo que lo desconoce. Pongamos a un lado los prejuicios o las nociones preconcebidas por otros, y abramos las puertas del conocimiento y la comprensión.[22]

Es necesario evitar desde un primer momento cualquier tipo de confusión acerca de los orígenes de la Santería. Cuando se habla de la Santería se habla de la forma religiosa, o religión afrocubana Lucumí

---

[22] Desgraciadamente, a todo lo que hoy en día despliega algún tipo de evocación de espíritus o magia natural se le tilda de 'santería', como en otra época todo fenómeno religioso mágico era percibido como 'voodoo' o vudún. Es importante distinguir que, aunque existe magia negra en muchos de los sincretismos afroamericanos, en sus orígenes y en sus prácticas la santería se basó, por lo menos en América, en la 'protección' contra el mal; en la mayoría de los casos manifestado a través de enfermedades para las que no se encontraba cura alguna, y no en la 'causa' del mal.

o Yoruba (en adelante utilizaremos los tres términos alternadamente). No podemos confundir la Santería, esta religión Yoruba-Lucumí, con otras religiones africanas, ya que en Cuba —como en Brasil— desde el comienzo de la colonia predominaban muchas de ellas y no todas eran iguales. Los tres cultos principales en Cuba eran el *Lucumí* o *Regla de Ocha*, el *Bantu, Mayombe* o *Regla de Congo*, y el culto de *Arará*, los vecinos de los Yorubas en África. Por mucho tiempo, los dos primeros fueron considerados cultos ñáñigos o brujeros. Esta observación no podía ser más errónea. Los ñáñigos eran los miembros de la sociedad secreta *Abakuá* que las investigaciones de Lydia Cabrera descubrieran para la comunidad intelectual, en especial para etnógrafos y antropólogos por igual.[23]

Objetivamente, la Santería no es *brujería*.[24] Y sin embargo, por muchos años —quizá siglos— toda persona relacionada con la Santería fue tildada de «brujero». La brujería o magia negra encierra en sí un sentido activo del mal que no aparece en la Santería del Caribe. «Hacer daño al otro», o «hacer mal de ojo», por lo general, no constituyen el común denominador que motiva a todos los creyentes en esta forma religiosa. Por el contrario, es precisamente la protección del «santo» por miedo al mal presente en nuestro mundo lo que caracteriza a la Santería. El 'mal de ojo', en particular, ha formado parte de las experiencias religiosas más antiguas de ciertos pueblos

---

[23] Para una información más clara sobre esta 'sociedad', véase: Cabrera, Lydia. *La Sociedad Secreta Abakuá*. Miami: Colección del Chicherekú, 1970. Un personaje importantísimo de esta Sociedad, a quien se le atribuye una gran «reforma» es Andrés Facundo Cristo de los Dolores Petit, el «caballero de color» que murió en la Habana a finales del siglo XIX. Mensajero de una tradición especial, tanto Fernando Ortiz como Lydia Cabrera lo reconocen como congo, lucumí, espiritista, ñáñigo y católico. Por Petit se introdujo el «crucifijo católico» entre los atributos rituales del ñañiguismo y en 1853 fue Petit responsable de la fundación de la primera asociación de ñáñigos integrada exclusivamente por blancos.

[24] Además del texto de Lydia Cabrera sobre este tema, véase el siguiente Wetli, M.D., Charles V. & Rafael Martínez. «Brujería: Manifestaciones of Palo Mayombe in South Florida», Reprinted from *The Journal of the Florida Medical Association*, 70:629-634a (Aug. 1983).

europeos y aún se manifiesta en muchas de las subculturas latinoamericanas. Aquellos que creen en el 'mal de ojo' afirman que las enfermedades de ciertos niños se deben a la influencia externa de un sujeto que los mira de una manera especial. Para los méxico-americanos de los Estados Unidos, el 'mal de ojo', al igual que el 'empacho', la 'caída de la mollera', el 'susto' y el 'espanto', constituye uno de los diagnósticos religiosos más frecuentemente tratados por los curanderos.[25]

La Santería tampoco es *Vudú*, aunque así (*Voodoo*) designen en Norteamérica a todo aquel que crea o practique una secta religiosa que tenga relación con los pueblos de África. El Vudú es una de las muchas religiones o formas religiosas, que, procedentes de África, llegaron al Caribe, y que se estableció principalmente en Haití. Es posible también que debido a su relación directa con la magia negra se haya generalizado de tal forma que las religiones africanas o pseudoafricanas basándose en el mal al otro o el sufrimiento ajeno aparezcan como punto de partida en sus prácticas. Esta generalización es errónea.

Debido a su popularidad y al uso de ciertos símbolos, muchos confunden la Santería con el Espiritismo, pero, 'técnicamente', la Santería tampoco es *Espiritismo*. Ya hemos señalado que un sincretismo, en sus raíces, no tiene que ver nada con el otro; es decir, la Santería tiene su origen en la religión de los Yorubas que habitan la sección Occidental de Nigeria mientras que el Espiritismo proviene de una creencia firme —originalmente indígena aunque popularizada desde Europa muchos siglos después— en la comunicación de los seres humanos con los «espíritus» a través de un mediador, un *médium*. Debemos señalar, no obstante, que se ha desarrollado una cierta mezcla en las prácticas de ambos sincretismos. Ciertos espiritistas, quizás por ignorancia, han hecho uso de muchos de los símbolos que distinguen a los seguidores de la Santería; la misma observación se puede hacer de ciertos santeros con relación al uso de símbolos

---

[25] Entre otras publicaciones, véase la descripción de este fenómeno en Kiev, Ari. *Curanderismo: Mexican-American Folk Psychiatry*. New York: The Free Press, 1968, pp. 101-106.

espiritistas.[26] Aun así, necesitamos aclarar que aunque en sí el Espiritismo y la Santería no comparten ni el mismo origen ni los mismos rituales, el médium espiritista y el santero parecen compartir funciones similares en su trato con las crisis de sus «clientes», ya que el pueblo acude a ambas prácticas sin conocer estas distinciones.

En los Estados Unidos especialmente, sería un error confundir la Santería con otros cultos o con la muy popular secta Satánica de Anton LaVey, su sumo sacerdote. De más está añadir que la Santería tampoco está relacionada directamente como forma religiosa con adivinadores del futuro, cartománticos, o con aquellos que escriben sus impresiones subjetivas en el «Horóscopo», inspirados por la Astrología. Todas estas prácticas, como hemos notado ya, reflejan en cierto modo el hambre por la transcendencia divina que prevalece en nuestro mundo.

Existe otro tipo de error acerca de la Santería en el que muchas personas insisten. Es el error de observar, analizar, y llegar a conclusiones sobre este sincretismo afrocubano exclusivamente desde una perspectiva antropológica o psicosociológica. Hemos mencionado con anterioridad que algunas de estas ciencias forman parte de una comprensión global de este fenómeno, pero la Santería no puede ser un tema de estudio que solamente desemboque en conclusiones psicológicas o socioantropológicas, ya que su atracción y su permanencia se vislumbran fundamentalmente bajo el aspecto simbólico-religioso que la constituye y que, como un común denominador, sostiene a los otros.

Esta observación tan severa de la Santería comenzó en Cuba a principios de siglo, cuando fue considerada como un fenómeno que incrementaba el auge del crimen. Se acusó a los descendientes de los esclavos y a otros afrocubanos de practicar sacrificios humanos,[27] y así

---

[26] No es raro observar en casa de santeros el «crucifijo dentro del vaso de agua», típico del espiritista, como tampoco es raro que muchos espiritistas usen las yerbas para los «despojos», uno de los rituales más populares de los santeros.

[27] Ortiz, Fernando. *Los Negros Brujos: el Hampa AfroCubana*. Madrid: Editora

(continúa...)

se abrieron las puertas para el estudio de la «etnografía criminal» basada en el origen y el comportamiento de la raza negra, a la que se consideró inferior.

Esta actitud parece captar el sentimiento público de una época histórica desarrollada magistralmente por el novelista Cirilo Villaverde en su obra *Cecilia Valdés,* en la que a la población de aquella época le costaba trabajo aceptar cualquier aspecto positivo de la presencia y la influencia de la cultura africana en la Isla. Discutiendo con su esposo, Don Cándido de Gamboa, en uno de los célebres capítulos de la novela, Doña Rosa justifica la trata de los esclavos frente a la injusticia del comercio en general: *«Pues hallo más humanitario traer salvajes para convertirlos en cristianos y hombres que vinos y esas cosas que sólo sirven para satisfacer la gula y los vicios».* Don Cándido mismo parece desplegar con su arrogancia la respuesta a las «justificaciones» de su esposa: *«Y dale con creer que los fardos de África tienen alma y que son ángeles. Esas son blasfemias, Rosa... Pues de ahí nace el error de ciertas gentes. Cuando el mundo se persuada de que los negros son animales y no hombres, entonces se acabará uno de los motivos que alegan los ingleses para la trata de África...»*[28]

Fernando Ortiz mantuvo siempre vivo su interés por la «negritud» cubana y encontró nuevos horizontes que culminaron con la publicación de un sinnúmero de libros y artículos acerca del proceso de 'transculturación' en los habitantes de la Isla, llegando a admitir una realidad que a muchos cubanos les cuesta trabajo aceptar: «Sin el negro, Cuba no sería Cuba. No podía, pues, ignorarlo».

Según el testimonio de muchos, la Iglesia cubana nunca se interesó a fondo por el problema religioso afrocubano. Esta proposición, no obstante, merece cierta clarificación, ya que son innumerables los

---

(...continuacion)
Americana. La literatura sobre este tema ha conservado para la historia el famoso caso de la niña «Zoila», relatado por el autor en este libro.

[28] Vale la pena leer la novela completa y 'saborear' el contexto histórico en que se desenvuelven sus personas. Villaverde, Cirilo. *Cecilia Valdes.* México: Editorial Porrúa, S.A., 1972.

documentos conservados que muestran no sólo interés y preocupación por parte de los líderes de la Iglesia hacia la evangelización de los esclavos, sino también una gran forma de compromiso. Aparte del testimonio que el Sínodo de 1680 muestra,[29] se han encontrado manuscritos del siglo XVIII que relatan el interés del obispo de la Habana, Monseñor Morell de Santa Cruz, por confirmar a los esclavos, proveerles una advocación de la Virgen para cada «cabildo» e insistir en que su clero aprenda las lenguas africanas para que pueda ofrecerles la catequesis en su propio idioma.[30] La gran cantidad de clero y religiosos en el censo de 1778 determina que, según la población de la época en toda la Isla —179,484 habitantes— se puede contar un sacerdote por cada 168 personas. Más aún, a principios del próximo siglo, y según los datos sobre bautizos y matrimonios que proveen los libros eclesiásticos en seis parroquias de la Habana, se puede afirmar que ante los sacramentos de la Iglesia, el negro esclavo y su amo eran «iguales».[31]

Desafortunadamente, se palpa en las décadas posteriores del siglo XIX un cambio gradual y radical del siglo anterior: una ausencia de clero, religiosas y catequistas —por razones históricas elaboradas por otros autores[32] — que coincide con el desembarco de la mayor cantidad

---

[29] Véase además el «Sínodo Diocesano que de orden de SM celebró el Ilustrísimo señor Doctor don Juan García de Palacios, Obispo de Cuba, en junio de 1684. Reimpresa por orden del Ilustrísimo señor Doctor Don Juan José Días de Espada y Landa, segundo obispo de La Habana, y anotada conforme a las últimas disposiciones eclesiásticas y civiles (1814)».

[30] La visita eclesiástica del Obispo provee un panorama religioso y socioeconómico de la Isla de Cuba. Monseñor Morell de Santa Cruz la comenzó o a finales de 1754 o a principios de 1755, pero la terminó en febrero de 1757. El dato sobre su interés por los esclavos negros aparece en: Klein, Herbert S. *Slavery in the Americas: A Comparative Study of Cuba and Virginia*. Chicago: The University of Chicago Press, 1967, p. 100.

[31] *Ibid*, p. 97-98.

[32] Este contraste lo nota el historiador Knight cuando expresa su desilusión,

(continúa...)

de esclavos en la Isla. Finalmente, se palpa a principios del siglo XX cierta inercia evangelizadora que se recuperó poco a poco gracias a la actividad misionera de la Acción Católica, el resurgimiento de un episcopado y un clero nativos, y la actividad educadora de los colegios parroquiales y las escuelas privadas. Debido a estas razones, quizás sea mejor afirmar que la Iglesia en Cuba no se pudo «ocupar» de la evangelización de los esclavos durante el siglo XIX, o de sus descendientes y otros creyentes de la Santería en el siglo XX.

Dentro de este contexto, podemos afirmar que la Iglesia siempre abrió sus puertas a un número de instituciones dedicadas a la ayuda de los necesitados, sin hacer distinciones de ninguna clase; y fue la Iglesia en Cuba la que desde el comienzo de la colonia promovió la educación y la cultura del pueblo. De la misma manera, debemos afirmar que la Iglesia también toleró el sincretismo religioso, sobre todo en el siglo XIX.[33] Con el afán de convertir a los esclavos al catolicismo por medio del Bautismo, no se llegó a continuar en este siglo un proceso que los llevase a una conversión profunda y plena. En la mayoría de los casos, el africano proclamó con sus labios la fe católica, la fe de sus dueños, aunque sentía en su corazón la fe de sus antepasados, la fe Lucumí. Esta tolerancia de la Iglesia reflejó, a su vez, la tolerancia permitida por las leyes españolas hacia la trata de esclavos; dichas leyes reflejaron una actitud totalmente diferente a la que desplegaron las leyes de los ingleses durante este mismo período histórico en las colonias norteamericanas y las Islas Británicas del

---

(...continuacion)
lamentándose del cambio de actitud y de espíritu entre el entusiasmo que dio lugar a las Nuevas Leyes de 1542 y la apatía de 1842: Knight, Franklin W. *Slave Society in Cuba During the Nineteenth Century*. Madison, Wisconsin: The University of Wisconsin Press, 1970, p. 111.

[33] Para captar un visión completa del siglo XIX, véase: Lebroc Martínez, Reynerio. *San Antonio María Claret: Arzobispo Misionero de Cuba*. Madrid: Misioneros Hijos del Inmaculado Corazón de María, 1992.

Caribe.[34] Para la Iglesia, no obstante, esta actitud de «tolerancia» puede haber sido el resultado del desconocimiento general de una metodología evangelizadora adecuada, de la ignorancia o del miedo a la población «africana» que creció rápidamente durante el siglo XIX, o, simplemente, del desprecio a sus costumbres.

La realidad es única: a nada puede llevar este desprecio de antes o el que puedan todavía mantener algunos hoy en día, sino a alejar mucho más del camino del Evangelio a aquellos que mantienen su fe en estas prácticas religiosas. Reflexionemos, por lo tanto, sobre la Santería como el fenómeno histórico-religioso que tiene sus raíces en Cuba, que es el resultado de la trata de esclavos del siglo pasado, y que continúa floreciendo en la comunidad latina y, a veces, no latina de los Estados Unidos y de otras partes del mundo.

Naturaleza, Origen y Desarrollo

La Santería es la adoración de dioses africanos bajo las apariencias de santos católicos, resultado de la «transculturación» y del «sincretismo» religioso de los pueblos del Caribe.

Aunque los esclavos comenzaron a llegar a la Isla a mediados del siglo XVI, el influjo de la trata se sintió mucho más a finales del siglo XVIII y durante el siglo XIX. Muchos de ellos eran miembros de familias reales vencidas o capturadas, o sometidas a la esclavitud o a la cárcel en la misma Nigeria por grupos hostiles que les acechaban. Ellos traían consigo sus conocimientos primitivos y su fortaleza física. En la situación tan desesperada en que vivían, la «religión» de sus *orishas (*santos) se convirtió, por necesidad, en un factor fundamental. Frente a las injusticias y al desprecio de los mayorales en Cuba, los negros africanos se refugiaron en la fe de sus antepasados, en los símbolos de la «*Regla de Ocha*», en busca de protección y consuelo.

---

[34] El trato dado por los ingleses a las colonias siempre ha sido tildado de opresivo e injusto, a pesar de que fueron los españoles los que llevaron consigo en la historia la fama de la «Leyenda Negra». Para apreciar la diferencia de ambos grupos de colonizadores hacia los esclavos, véase con más amplitud: Klein, Herbert S. *Slavery in the Americas: A Comparative Study of Virginia and Cuba*. Chicago: The University of Chicago Press, 1967.

Los esclavos se reunían en secreto en los famosos «cabildos»[35] o grupos de oración equivalentes a las Cofradías de los Santos en la religión católica. Al ritmo de los tambores *Batá* cantaban a su santo e invocaban a los dioses supremos de la religión. Si se les sorprendía en esta práctica religiosa eran castigados severamente; a medida que pasó el tiempo, sin embargo, se aminoraron los castigos. Como hemos notado ya, la tolerancia por parte del Gobierno y por parte de la Iglesia se sobrepuso a la tragedia inicial.

Durante este proceso histórico-religioso de más de cuatrocientos años, el factor esencial que dio lugar al crecimiento de las prácticas de la religión Lucumí entre los blancos fue el *sincretismo religioso*.[36] Así como los esclavos experimentaron una conversión superficial al catolicismo y profundizaron más aún en sus creencias ancestrales, el tiempo y la tolerancia hacia estas creencias y estas prácticas les ayudaron a que se convirtieran en consejeros de los blancos. El blanco —español o criollo— acostumbrado ya a ciertas prácticas supersticiosas que viajaron al Nuevo Mundo en barcos españoles, acudía al sacerdote Lucumí en busca de la solución de algún problema inmediato. Uno de los problemas más comunes era el que presentaban frecuentemente las

---

[35] «La primera noticia que tenemos sobre la formación de una cofradía de negros en Cuba, data de 1598...Poco a poco se fueron proliferando los cabildos o cofradías de negros, que más tarde se fueron independizando de la parroquia a la que habían estado incorporados... Los cabildos se fueron transformando en sociedades de recreo y de ayuda mutua donde se reunían los negros de nación cada domingo para bailar sus danzas seculares, pero también, y a espaldas de las autoridades, invocar con sus plegarias y cantos a sus divinidades africanas nunca olvidadas». Sandoval, Mercedes Cros. *La Religión Afrocubana*. Madrid: Playor, S.A., 1975, p. 45.

[36] El sincretismo religioso, como aparece descrito aquí, con los santos de la Iglesia católica, no existe en Nigeria. En mi reciente viaje hacia la tierra de los Yorubas incluso descubrí que los pastores de la Iglesia católica se asombraban cuando yo les describía la naturaleza del sincretismo en América. Tanto en los Seminarios diocesanos, como en algunos de los Seminarios religiosos, los futuros sacerdotes estudian la religión Yoruba tal y como se ha transmitido a través de los siglos y existe en la actualidad entre los Yorubas de Nigeria. El nombre de los tambores y los nombres de los *orishas*, sin embargo, son los mismos, desprovistos de la mezcla que el sincretismo de América proveyó.

enfermedades. Los sacerdotes, o santeros, les proveían a los blancos las yerbas necesarias para curar ciertas enfermedades; para los africanos, las yerbas poseían el *Aché* (la bendición o presencia) de los dioses; para los blancos se fueron convirtiendo en «medicina» sobrenatural. Reconocidas hoy como un regalo de la naturaleza, y procesadas como 'medicina' natural, por medio de estas yerbas los esclavos transmitieron también a sus amos sus creencias, ricas en mitología y simbolismo.[37]

Las culturas, como las razas, se iban mezclando a través de la historia. La Antropología nos habla de dos procesos importantes en el mundo de hoy: primero, la *endoculturación*,[38] o el proceso por el cual cada uno de nosotros recibe y se abraza a su cultura y a su identidad, transmitidas y aprendidas en el hogar, en el colegio, y en la comunidad; segundo, la *transculturación*,[39] o el proceso por el cual dos o más culturas se influyen de tal manera que se afectan mutuamente ante los cambios sociales que les imponen la sociedad y el mundo. Se notan dos instrumentos de transculturación clásicos cuando se habla de este proceso en Cuba: uno, el de los *mayorales*, o encargados de los esclavos —algunos blancos y otros negros libres— que les comunica-

---

[37] En mi viaje de la tierra de los Yoruba a la tierra de los Igbo pude apreciar cuan similar es la naturaleza en esta sección de África a la de Cuba. Junto los árboles de todo tipo, se palpa una vegetación que encierra una cualidad misteriosa y profunda que forma parte integral de la visión cultural que los habitantes de esta tierra poseen. Para el africano de estas tierras, según me comentaban algunos, toda la vida es un regalo de Dios, desde la tierra que se cosecha hasta la familia —en especial el número de hijos— donde el africano palpa aún más evidentemente la presencia y la bendición de Dios (*Olordumare*).

[38] «Hasta aquí he delineado en qué consiste el proceso endo-culturativo primario... Pero cabría hacer una reflexión respecto a una endo-culturación secundaria, es decir, la de la persona que por motivos humanitarios, religiosos, o por otro interés, trata de incardinarse en una cultura adoptiva». González, S.J., Luis. «Elementos de Antropología Utiles para el Misionero». *Antropología y Evangelización*. Melgar, Colombia: DMC-CELAM, pp. 27-31.

[39] Herskovitz, Melville J. *Man and His Works*. New York: Alfred A. Knopf, p. 529.

ban a sus amos la fuerza de las yerbas, consideradas 'sagradas', porque curaban las enfermedades de todos, esclavos y blancos por igual; y el fenómeno de las *Tatas*, o sirvientas fieles que cuidaban a los hijos de los hacendados y que con cariño les hacían cuentos y narraciones de su propia tradición mientras los ponían a dormir. Mucho antes que las vicisitudes de la Cenicienta o de Pinocho, los niños blancos del Caribe escucharon sobre las aventuras de *Changó y Ogún*. Casi pudiéramos afirmar: si los esclavos y sus descendientes caminaban juntos por un proceso difícil de transculturación, tal parece que el proceso de 'endoculturación' de muchos cubanos de la época incluyó también la tradición oral de sus africanos, una tradición rica en mitología y simbolismo.

En el capítulo anterior notábamos cómo una transculturación saludable resulta en la integración de las culturas, no en la asimilación de la minoritaria por la dominante, ni en la alienación de la cultura menos numerosa de la dominante y del resto de la sociedad. El fenómeno afrocubano sigue siendo resultado de la transculturación histórica que hemos relatado; muchos discuten, de hecho, si después de dos siglos ya ha habido una «integración» saludable fomentada por los líderes del pueblo, o si ha sido forzada, y, por lo tanto, no aceptada en su totalidad.

En términos religiosos se puede hablar de la fusión de estas religiones como *sincretismo*. Paralela a esta mezcla de razas y culturas, nacía y se desarrollaba la fusión de las religiones en las mentes y en la realidad de la población. Era, y es, muy común llamarse católico y hasta ir a la iglesia a ver al sacerdote o a pedirle un favor a algún santo favorito, pero tan común era, y es, recurrir al santero en busca de orientación y de alivio frente a cualquier contratiempo.

En resumen, si aceptamos que el pasado de Cuba y de otros pueblos del Caribe se prestaba para una evangelización inmediata, el presente lo exige, sobre todo en los Estados Unidos donde se palpa continuamente un proceso de transculturación entre las culturas inmigrantes y la sociedad dominante de Norteamérica, y donde es muy posible vislumbrar un estilo nuevo de sincretismo. Examinemos, finalmente, las características fundamentales de este sincretismo religioso.

La imagen de Eleggúa más conocida entre los creyentes de la Regla de Ocha.

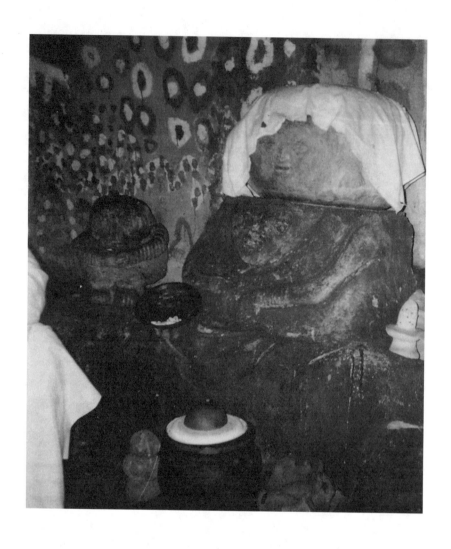

La diosa Ochún rodeada de ofrendas, en su santuario en Osogbo, Nigeria.
Foto del autor

Elementos de Santería

La Santería, como forma religiosa, no es sistemática, en realidad, carece de dogmas fundamentales que puedan definir de por sí una posición clara de sus verdades. Para conocerla, es necesario penetrar en lo que le da vida y popularidad: su mitología, sus símbolos religiosos, sus rituales, su lugar sagrado, «el Monte».

El Monte es el «lugar sagrado» para los creyentes de la religión Yoruba-Lucumí. En su libro «El Monte», Lydia Cabrera explica cómo para el africano de Cuba éste es el centro de espiritualidad; allí viven los *'orishas'*, las divinidades de su religión. En el Monte encuentran los africanos todo lo que necesitan para sus 'trabajos'. El Monte es protección y consuelo; para ellos todo lo que en el Monte aparenta ser natural, en realidad, es sobrenatural. Aquel que quiera ayuda del Monte debe saber cómo caminar en él. El Monte es su templo:

> *«...El blanco va a la iglesia a pedir lo que no tiene, o a pedir que Jesucristo o la Virgen María o cualquier otro miembro de la familia celestial, le conserve lo que tiene y se lo fortalezca. Va la casa de Dios para atender a sus necesidades...porque sin la ayuda de Dios, ¿qué puede un hombre? Nosotros los negros vamos al Monte como si fuésemos a una iglesia, porque está lleno de santos y de difuntos, a pedirles lo que nos hace falta para nuestra salud y para nuestros negocios...»*[40]

En el Monte abundan las yerbas, conocidas como *'ewes'* en la liturgia Lucumí. Son ellas las que sanan por el *'aché'* que poseen. En el Monte viven dos árboles de suma importancia: la Ceiba, el árbol sagrado por excelencia, en cuyo tronco reside *Iroko*, un *orisha* poderoso que todos deben respetar y apaciguar con ofrendas especiales que se colocan a sus pies; y la Palma Real, donde habita *Changó*, el dios del Trueno, con una de sus esposas, *Oyá* y su padre *Agallú*. Pero

---

[40] Cabrera, Lydia. *El Monte*. Miami: Colección del Chicherekú, 1971, pp. 14-15.

el 'guardián del Monte', su dueño, es *Osaín* quien distribuye las yerbas que curan tantas enfermedades.[41]

Las leyendas mitológicas de estos dioses en el Monte son fascinantes e indican la gran imaginación y el gran sentido religioso que el negro cubano tiene. En lugares donde no hay mucho monte, las actividades de la Santería (ej. sacrificios de animales) se celebran en casas con grandes patios o jardines y en casos especiales los devotos se dirigen a los parques nacionales en busca de la espiritualidad que con tanta facilidad encontraban en los montes cubanos.

Los Orishas[42]

No se puede llegar a comprender la gran popularidad de la Santería sin analizar el concepto de «santo» que la invade. Los «santos» para el devoto de la religión Lucumí en América son los *orishas*, espíritus de hombres o mujeres importantes en las tribus africanas de los Yorubas. Muy posiblemente, ante la experiencia opresiva de la esclavitud, los africanos —que conocían a sus *orishas* en Nigeria bajo manifestaciones específicas— los reconocieron en una tierra nueva bajo las apariencias que mostraban las imágenes de los santos católicos en las iglesias. Y a ellos se dirigían en sus ritos en búsqueda de paz interior y de libertad plena.

Si para los africanos estos personajes, a veces históricos, a veces legendarios, representaban algún ideal heroico (la belleza, el coraje, la valentía, la maternidad), para la gran masa que cree en la Santería hoy en día estos *orishas* son conocidos como santos católicos. En realidad, sólo los conocen a través de los nombres ya que carecen del conoci-

---

[41] En la Santería, *Iroko* es representado por la Inmaculada Concepción, la Purísima, mientras que, para los esclavos, *Changó* siempre fue Santa Bárbara, *Oyá* fue asociada con Santa Teresa, y *Agayú*, el padre de *Changó*, con San Cristóbal.

[42] Las descripciones de los *orishas* provienen no sólo de los libros de Fernando Ortiz y de Lydia Cabrera sino también de: García Cortéz, Julio. *El Santo: Secretos de la Religión Lucumí*. Miami: Ediciones Universal, 1971 y de Rómulo Lachatañeré, «El sistema religioso de los lucumíes y otras influencias africanas en Cuba», *Estudios Afrocubanos*. La Habana, Sociedad de Estudios Afrocubanos, vol V, 1940-1946, p. 191.

miento auténtico de las historias que llevaron a dichos santos a los altares en la Iglesia Católica. Para conservar la pureza de los *orishas* africanos y distinguirlos de los santos católicos es necesario ante todo conocer sus leyendas.

Para el creyente de la religión Lucumí, Dios es el «Todopoderoso», el «Unico». Junto a El, sin embargo, reinan otras deidades, otros seres espirituales que comparten su majestad y su poder. Este Dios Creador es *Olordumare*,[43] también llamado *Olofin*, una especie de «Dios escondido» ya que se limitó a crear el mundo, y todo lo relacionado con el mundo, para luego descansar. Conviene destacar, no obstante, que para los Yorubas de Nigeria, incluso en la actualidad, *Olodumare* no está tan lejos como lo sintieron aquellos esclavos en América. Para los Yorubas de hoy en día, y sospecho de siempre, todos los *orishas* proceden de *Olordumare* y viven en el cielo con el Dios Todopoderoso y Creador; de El dependen para todos los favores, pero en las representaciones rústicas de las propias deidades no permanece su *presencia* o fuerza divina. Es ésta una diferencia notable entre la propia 'teología' de los Yorubas en Nigeria y de los devotos de la Santería en América para quienes los *orishas* funcionan independientemente de *Olordumare* y asumen casi en su totalidad las apariencias de los Santos de la Iglesia Católica.[44]

Se puede resumir, por lo tanto, que algunos escritores tienen diversas opiniones sobre la relación entre *Olordumare* y los *orishas*.[45]

---

[43] El siguiente libro, publicado en inglés, analiza con amplitud la naturaleza y las características de «*Olordumare*»: Idowu, E. Bolaji. *Olordumare: God in Yoruba Belief*. London: Longman Group Limited, 1962.

[44] *Ibid*, pp. 57-70. Para Idowu la religión de los Yorubas no es politeísta, porque *Olordumare* reina y los orishas no pueden funcionar independientemente de El. No obstante así, el autor no puede dar a conocer claramente el origen de los *orishas*, y admite que es un 'misterio'. Para explicar cómo los orishas poseen diferentes nombres, Idowu señala la fusión o mezcla de tribus en el proceso histórico del sudoeste de Nigeria.

[45] Pemberton III, J. «A Cluster of Sacred Symbols: Orisa Worship Among the

(continúa...)

Unos estiman que los *orishas* son ministros del Todopoderoso, mientras que otros los colocan en su posición jerárquica dominante, pero afirman que los *orishas* funcionan independientemente de El. En la opinión de algunos otros, es más importante contemplar la totalidad del panteón y ver, en su conjunto, un modelo dinámico y estructurado de acción para sus devotos, en el que los *orishas,* con sus historias o mitos, no sólo proveen inspiración para la vida de fe de sus devotos, sino también la justificación necesaria para sus actos y actitudes. Es un panteón a través del cual se vislumbra una forma específica de ver e interpretar la realidad. Con los ojos de cada uno de los *orishas* —especialmente de aquel o de aquellos a los que uno está consagrado— se ha de mirar al mundo y a las relaciones humanas que lo constituyen.

El espíritu de *Olordumare* vivió en *Obatalá*, «el que ejecuta». Este es el jefe de los demás *orishas* o dioses; 'El es la personificación de la justicia y la pureza, y el responsable y creador de todos los seres humanos'. Para Idowu, uno de los expositores nigerianos más eruditos sobre este tema, *Obatalá* es el Rey grande que crea a los seres humanos como lo desea, pero *Olordumare* es el que les da el aliento de la vida.[46]

Orúnmila es otra deidad importante, el dios de los oráculos, el dios de *Ifá*, el dios de las adivinaciones, cuyo sumo sacerdote es el *babalao*. Los *babalaos* son los sacerdotes más influyentes en la Santería debido a la función que ejercen de adivinar el presente, el pasado y, sobre todo, el futuro. A diferencia de los *santeros* —el otro estilo de sacerdocio en el sincretismo— solamente los hombres pueden ser *babalaos*, aunque hemos escuchado que ya en Nigeria ha desaparecido esta exclusividad.[47]

(...continuacion)
Igbomina Yoruba of Ila-Qrangun». *History of Religions.*

[46]   Idowu, E. Bolaji, p. 71.

[47]   Cuando estuve en Nigeria, le pregunté a la sacerdotisa de Ochún en Osogbo si esto era cierto. Me reiteró que eran muy pocas las mujeres 'babalaos'. En el mismo Osogbo descubrí que hay un 'seminario' para entrenar babalaos ya que su director

(continúa...)

Cada uno de estos *orishas* tiene su equivalente en la religión Católica. *Olordumare* posiblemente está asociado con Dios Padre, el Dios Todopoderoso; *Obatalá* con Nuestra Señora de las Mercedes; *Osaín* con San Antonio o San Silvestre, y *Orúnmila*, el Destino, con San Francisco de Asís. Junto a estas cuatro deidades tan importantes, surgen en la religión Lucumí un gran número de *orishas* con funciones e identidades propias, ricos en cualidades humanas y protagonistas de una mitología fascinante. En los siguientes párrafos describiremos algunas de las divinidades más populares o conocidas del panteón Yoruba-Lucumí.

Yemayá (Nuestra Señora de Regla)

La diosa del mar, *Yemayá*, es fuerte, poderosa y seria, la madre del resto de las deidades, la diosa de la fertilidad pero no del amor. A pesar de su sabiduría y su prudencia, a veces *Yemayá* es apasionada y sensual, lo cual explica cómo para el africano la sensualidad es en verdad una virtud muy apreciada. En Brasil, *Yemayá* se convierte en *Jemanjá* y es objeto de un ritual orgiástico en la víspera del Año Nuevo.

Changó (Santa Bárbara)[48]

El dios del trueno y del rayo, *Changó* en África era un guerrero poderoso, rey de Oyo, que a veces actuaba como un tirano. En Cuba era el santo protector de la artillería y de los mineros. Es fuerte y poderoso, temible y grandioso; sin embargo, a pesar de tantos defectos *Changó* es fiel a sus amigos y a sus tres esposas, *Oyá, Obá, y Ochún*. A veces se le encuentra a caballo, y otras veces caminando. Los cubanos lo han asociado con Santa Bárbara tanto por el color de la túnica de la santa, como por los símbolos con que se revisten sus

---

[47] (...continuacion)
quiere que este sacerdocio se conserve con toda su autenticidad.

[48] Para apreciar con claridad las diferencias en estas imágenes sincretizadas en la Santería, véase: Sosa, Juan J. *Santa Bárbara y San Lázaro*. Miami: Comité de Piedad Popular del Ministerio de Liturgia y Vida Espiritual, 1994.

imágenes, es decir, la espada y la corona. Desgraciadamente son estos los símbolos que han sido mal interpretados en el proceso sincrético mencionado anteriormente, ya que la «espada» no representa en Santa Bárbara una llamada a la guerra o al combate, sino el instrumento a través del cual aquella joven entregara su vida por Dios y por su fe como una mártir en Asia Menor, y la «corona» indica la dignidad de su nueva vida en la gloria del Padre. En la tierra de los Yorubas, sólo los pueblos que componían el antiguo reino Oyo lo adoran de una manera especial; no obstante ello, *Changó (Shango o Sango)* es posiblemente el *orisha* más popular fuera de Nigeria.

Oyá (Santa Teresa)

La dueña de los cementerios, *Oyá* despliega su presencia como el relámpago que acompaña al trueno, explicando así su asociación con su esposo, *Changó*. Cuando éste se lanza a la batalla, *Oyá* va delante de él anunciando su llegada. Estuvo casada anteriormente con otra deidad, *Ogún*, pero cuenta la leyenda que *Changó*, a través de la magia, logró conquistar su amor y su fidelidad no sin antes entablar una horrenda batalla con *Ogún*.

Obá (La Candelaria en La Habana o Santa Catalina en el resto de la Isla)

La dueña del hogar, *Obá* refleja las cualidades de la esposa perfecta. Protege a la maternidad y todo lo que esté relacionado con una vida feliz y en familia. Es muy celosa de *Oyá* y muy exigente del amor de *Changó* al que no le preocupan estas peleas hogareñas.

Ochún (Nuestra Señora de la Caridad)

La diosa de los ríos y del amor, *Ochún* refleja la vida con belleza y pasión. Es la diosa que siempre está dispuesta a bailar la danza eterna del placer. En Cuba es muy conocida por su identificación con nuestra Señora de la Caridad, patrona de los cubanos. Probablemente, junto a *Changó,* sea *Ochún* la diosa más popular entre los cubanos, muchos de los cuales desconocen la verdadera historia de María de la Caridad. Debido a esta identificación de los *orishas* africanos con los santos católicos se cree que Nuestra Señora de la Caridad, Nuestra Señora de las Mercedes y Nuestra Señora de Regla son tres «vírgenes» diferentes, como diferentes son en la mitología Yoruba *Yemayá, Obatalá y Ochún.* Son pocos los que comprenden que esos son títulos que se le atribuyen a María, la Madre de Jesús, la Madre de Dios y que, junto a muchos otros, expresan el amor de sus devotos en pueblos, ciudades y naciones a través del mundo entero.

Elegguá (las Almas del Purgatorio, o el Santo Niño de Atocha, o San Antonio, *o San Pedro y San Pablo, o San Roque*)

El dueño de los caminos, *Elegguá, Legbá, o Elégbara,* se complace en la aventura y las maldades. Muchos lo consideran como el portador de 'las llaves del destino', el primero de los cuatro guerreros (*Elegguá, Oggún, Ochosi y Osún).* Según la leyenda, a Elegguá se le representa como a un niño listo y hábil al que le 'gusta hacer maldades', 'susceptible, voluble y quisquilloso', una deidad que disfruta mucho de la buena comida y de los dulces. Es el primero 'que come', por el favor de *Olorún.*

En la religión Lucumí, los «caminos» de Elegguá son veintiuno, todos manifestaciones de una misma realidad; uno de estos caminos es *Eshú,* la representación del mal o, como decían los mismos esclavos por la influencia del cristianismo, el 'diablo'.[49] En Cuba y también en el exilio, a Elegguá se le representa por una piedra tallada con los rasgos de un hombre y los ojos de caracoles protegidos por un aceite especial. Las ofrendas a este *orisha* se encuentran detrás de las puertas de las casas o en cualquier esquina en la que se crucen varios caminos.

---

[49] *«...Celoso de sus prerrogativas, a condición de que se le alimente, se le atienda, se practiquen escrupulosamente los ritos que le acuerdan las primicias de toda ofrende...puede ser un aliado eficacísimo, un protector insuperable...No presenta nuestro Diablo, interesado exclusivamente en perdernos, es otro aspecto benévolo y servicial de Eleguá que nos protege y se convierte en una divinidad que defiende el hogar. Satanás es enemigo por antonomasia. Eleguá es enemigo y amigo»...* Cabrera, Lydia. *Yemayá y Ochún.* Miami, Colección del Chicherekú, 1974, p. 85.

Imágenes más sincreti-
zadas entre los creyen-
tes de la santería que
se encuentran en botá-
nicas y tiendas de
efectos religiosos.

«...lo mismo en los bohíos que en las casas confortables de la Habana, el dios Elegguá, que se representa por una piedra tallada como un rostro, sigue y seguirá bien untado en manteca de corojo, vigilando con sus ojos de caracol, disimulado en un velador junto a las puertas de los hogares negros, de los hogares mulatos, satisfecho con que una vez al mes, por lo menos, se le dé a beber la sangre de un pollo...en la misma habitación donde se lee en una gran litografía del Sagrado Corazón de Jesús, suspendida en lugar preferente: «Dios bendiga este hogar».[50]

Elegguá es un dios poderoso y popular; muchos lo ven como el mejor medio de comunicación entre los dioses y los santeros.

Ogún (San Pedro)

El dios del hierro y de la guerra, *Ogún,* sobresale en la tradición Yoruba como San Pedro en la católica. Para Jesús, Pedro es la «roca» sobre la que se edifica la Iglesia (*Mateo* 16:18), *Ogún* es para los Yorubas símbolo de fortaleza y de poder. La relación de *Ogún* con cualquier objeto hecho de hierro, símbolo de esa misma fortaleza, lo hace muy poderoso. Según la tradición Lucumí, los hijos de *Ogún* son difíciles de convencer y de aconsejar, ya que son muy independientes. En muchas casas de creyentes, *Ogún* aparece sentado junto a *Elegguá* detrás de la puerta.

Babalú-Ayé (San Lázaro)[51]

Conocido como el dueño de las epidemias de las enfermedades, *Babalú-Ayé* fue identificado con uno de los personajes que Jesús utilizó en sus parábolas y el único al que se nombra en los Evangelios (*Lucas* 16:19-31). En dicha parábola existe un contraste dramático importantísimo entre la pobreza y la riqueza. Lázaro, el inválido harapiento, representa a la humanidad pobre. Se pasa la vida mendi-

---

[50] Cabrera, Lydia. *El Monte*, p. 19.

[51] *Ibid.*

gando de la mesa del rico, esperando alimentarse de los restos del gran banquete que aquel otro disfruta. Este hombre rico, pues, personifica la indiferencia, la avaricia, la ceguera que el dinero provoca en muchos frente a las necesidades de sus hermanos y hermanas. Jesús utiliza estos personajes ficticios para mostrar el gran mensaje de amor que debe existir entre todos los que comparten su buena voluntad. Sin este amor, sin este deseo de ayudar a los más necesitados del mundo, muchos compartirán el castigo eterno que el 'rico' de la parábola sufrió; los mendigos, los pobres de espíritu, disfrutarán la felicidad eterna.

Como se puede observar, la parábola del Evangelio de San Lucas no nos presenta un personaje real sino, más bien, un personaje simbólico. La Iglesia venera a San Lázaro, como el hermano de Marta y María, resucitado por Cristo en Betania poco antes de Su propia Pasión (Evangelio de *San Juan* 11). Después del fenómeno de Pentecostés, y según la tradición cristiana, Lázaro y sus hermanas tomaron rumbo al sur de Francia donde predicaron la Buena Noticia del Señor; desde entonces ha sido venerado como el obispo de Marsella.

Esta primera confusión sobre San Lázaro, no obstante, parece no haber surgido de los seguidores de la *Regla de Ocha*, sino de Europa. Existe suficiente evidencia de que su culto se conservó en Jerusalén y, después, se extendió a través de la Iglesia. Según la peregrina *Egeria* (c. 390), el sábado antes del Domingo de Ramos los fieles se unían en una procesión hacia el *Lazarium*, sitio donde Jesús restaurara Lázaro a la vida.[52]

Junto al nombre del santo, no obstante, se asocian otras historias, narraciones o mitos: primero, la del obispo de Aix del mismo nombre, que, obligado a dimitir en al año 412 AD, terminó sus días en Marsella; y, en segundo lugar, el venerado por los leprosos de la Edad Media, cuya imagen, muy parecida a la de San Roque, desplegaba

---

[52] Thurston, S. J., Herbert and Donald Attwater. *Butler's Lives of the Saints*. New York: P.J. Kenedy & Sons, 1956, Volume IV, p. 576.

muchas de las características del Lázaro descrito por San Lucas en el capítulo 16 del Evangelio.

Parece que ante las plagas medievales, y el cuidado de los enfermos por los Caballeros Hospitalarios de San Lázaro, la imagen tierna del Lázaro de San Lucas, harapiento, rodeado de perros, símbolo de la miseria humana, predominó sobre la del amigo de Jesús que fue restaurado a la vida para anunciar el evangelio como obispo de Marsella.

Una pastoral contemporánea, al tener en cuenta estas opciones, debe proveer una catequesis dinámica para el mundo de hoy. Si hemos verdaderamente pasado de la vida a la muerte con Jesús, y si hemos sido liberados, la historia del Lázaro de San Juan se puede constituir no sólo en un símbolo más explícito de esperanza, sino también en un signo desafiante para sus devotos: como Jesús me da la salud y la vida, debo luchar también porque otros reciban esta salud y compartan una vida de paz y de justicia con todos.

Los esclavos de Cuba, ausentes de esta polémica histórica, simplemente continuaron el proceso de identificación entre sus *orishas* y los santos católicos al observar en los hogares de los blancos la estatua impresionante del «Lázaro de las Muletas», rodeado de perros y cubierto de llagas. Decididamente, encontraron más semejanza entre esta imagen y su *orisha, Babalú-Ayé,* causa y solución de todas las enfermedades, que en cualquier otra imagen presentada por la Iglesia.

Pudiéramos continuar con la lista de los *orishas*, ya que según algunos autores son más de 400 ó 401 los que constituyen el panteón completo de los Yorubas (y para otros, más de 600 ó 601).[53] Aquellos que hemos presentado en estos párrafos, no obstante, hablan por sí mismos y de sí mismos; se presentan como un grupo representativo de las deidades de la *Regla de Ocha* que nos abren las puertas para comprender mejor los rituales de este sincretismo religioso y nos brindan un testimonio auténtico tanto de la mezcla que forjaron los

---

[53] Véase a Bascom, William. *The Yoruba of Southwestern Nigeria.* New York: Holt, Rinehart and Winston, 1969.

esclavos y mantuvieron sus descendientes, como del proceso de transculturación que transcurrió en estas tierras y en otras vecinas.

Los *orishas* africanos despliegan grandes poderes para sus creyentes. Para el esclavo africano, sus «dioses» (santos) encerraban una «vida» transcendental que se hacía presente a través del ritual religioso. Tal parece, sin embargo, que actualmente en los procesos de transculturación y de sincretismo se ha perdido mucho de este sentimiento religioso tan natural en el pasado, a pesar de que, exteriormente, los nombres de los santos católicos siguen identificados con sus equivalentes africanos.

Para comprender el sentido religioso del pueblo que profesa esta creencia, para llegar a las raíces de esta fe importada en siglos pasados, y en proceso evolutivo desde entonces, se necesita analizar a continuación los símbolos que la caracterizan y la distinguen.

Ritual y Símbolos Sagrados: El Lenguaje de los Tambores

En las Islas del Caribe, sobre todo en Cuba, fueron tres los idiomas africanos que predominaron entre los esclavos y sus descendientes: el Yoruba, el Efik, y el Fon; los dos primeros de Nigeria y el último de Dahomey.

El idioma Lucumí o Yoruba se convirtió en la avenida de preservación de las costumbres propias de dicha religión. Sin embargo, aunque muchos santeros han mantenido los ritos de esta religión afrocubana en libretas antiguas, transmitidas de mano a mano desde hace muchos años, se considera que el idioma en sí ha ido desapareciendo poco a poco.[54]

Si el idioma constituye un factor tan importante para la preservación y celebración de rituales religiosos, también lo es el 'tambor'. En la Santería los tambores parecen vibrar cantando para que los *orishas* desciendan sobre sus devotos. La combinación del toque de tambores

---

[54] Recordemos que la 'tradición oral' siempre ha sido un elemento esencial en las primeras etapas de desarrollo de las religiones primitivas. Como lo atestiguan Lydia Cabrera y Julio García Cortéz, pasó mucho tiempo para que se transcribieran los 'secretos' de esta religión africana a las libretas de los santeros.

con la influencia del bailarín, abierto al espíritu del *orisha,* provoca —según los devotos de la religión— que «el santo baje» y tome posesión de uno de los devotos. Los tambores constituyen la 'voz' que clama por el 'santo'. En la tradición Lucumí, son tres los tambores consagrados de mayor solemnidad, llamados *Batá,* y a los tamboreros se les reconoce como los *Olubatá.*

Para la *Santería,* el centro de la cabeza (*eledá*) constituye la parte más importante del cuerpo humano. Ahí descansa el santo cuando responde al canto de los tambores. Ahí desciende el *orisha* cuando lo llaman la comunidad o el devoto por medio del ritmo y de la danza. Según la creencia afrocubana, el santo 'posee' al devoto montándolo como a un 'caballo'. El poseído asume la personalidad y las costumbres del santo, ya sea para aconsejar a los presentes sobre alguna enfermedad o sobre cualquier otro problema que tengan. La ira de *Ogún,* o el tono altivo y orgulloso de *Changó,* o la dulzura encantadora de *Ochún* se reflejan en los oyentes como si este intercambio pasara de una realidad ontológica a otra, es decir, de substancia a substancia, en vez de verse como el traspaso de la personalidad del *orisha* en sus accidentes externos, proceso conocido como «trance».[55] Para que el 'espíritu' se marche del poseído, es necesario sentarlo en una silla y hablarle en cierta forma, conocida por los santeros, para luego llamarle por su nombre de pila confiando en que el santo se aleje.

Entre los Yorubas de África este «asiento del Santo» se convierte en una experiencia de muerte y resurrección por la cual el devoto se abraza de lleno al proceso de renovación o restauración a una nueva vida: la vida que le trae el «Santo». En la actualidad, se han mantenido tanto el sentido como los elementos básicos de este proceso.

---

[55] Para examinar este desdoble de la personalidad más detalladamente, véase el primer capítulo del libro de Mons. Boaventura Kloppenburg, O.F.M., *Fuerzas Ocultas,* o en la versión inglesa, *Pastoral Practice ante the Paranormal.* Chicago: Franciscan Herald Press, 1979.

Idolos y Piedras Preciosas[56]

A los *orishas* se les representa por medio de piedras talladas con facciones humanas, como en el caso de *Eleggúa,* o por medio de cocos. Los herederos auténticos de las tradiciones africanas mantenían estas piedras en los altares junto a las estatuas de los santos católicos o dentro de unas vasijas especiales y consagradas que en el siglo XIX fueron substituidas por «soperas». Asimismo en dichos altares aparecían las famosas piedras preciosas. En muchas tradiciones dentro de las creencias de la *Santería,* estas piedras preciosas han sido objeto de mucho respeto y miedo. En estas piedras se encuentra el espíritu del santo o el espíritu de algún antepasado poderoso; los devotos de la religión reclaman que estas piedras poseen en sí un poder muy especial, un *Aché*[57] muy peculiar, una bendición que las hace sagradas. Así como cada *orisha* de la religión Lucumí tiene su color predilecto y sus animales favoritos, cada uno de ellos aparece también identificado por una piedra preciosa que manifiesta su poder.

Los Collares de la Ocha (*Ileke*)

Los collares en la religión Lucumí no sólo representan símbolos religiosos que protegen al que los usa o los guarda entre sus pertenencias privadas, sino que constituyen los primeros pasos para la iniciación completa en esta religión. Muchos santeros describen esta imposición de collares, ceremonia muy sagrada, como la 'primera comunión' entre el converso y los *orishas.*

En la *Regla de Ocha*, la imposición de los siete collares de fundamento es un paso esencial. Los cuatro primeros deben imponerse siempre en el mismo orden: *Obatalá, Ochún, Yemayá, y Changó.* Los otros tres collares, al igual que los primeros impuestos solamente por un santero, pueden pertenecer a cualquier otro *orisha* predilecto del

---

[56] Véase a Cabrera, Lydia. *Otán Iyebiyé: Las Piedras Preciosas.* Miami: Colección del Chicherekú, 1970.

[57] Se ha repetido ya varias veces el término «Aché». Para una explicación y un análisis bien completo de este vocablo, véase a: Murphy, Joseph M. *Santeria: An African Religion in America.* Boston: Beacom Press, 1988.

individuo o descubierto en las consultas. Nadie, excepto el que los recibe, los debe tocar.

El Sacerdocio

En la religión Lucumí tanto el hombre como la mujer pueden ser sacerdotes, es decir, santero o santera. En Cuba, los esclavos y los criollos les llamaban, respectivamente, *babalocha* e *iyalocha*.[58] Es decir, desde su iniciación, el iniciado comienza a ejercer ciertas funciones sacerdotales. En Nigeria, no obstante ello, siempre se ha visto con claridad que el Supremo Sacerdote es el Rey del pueblo, al que todos los cultos, y sus ministros, se someten. Cuando un sacerdote muere, no se experimenta ningún llamado especial al sacerdocio, sino mas bien aquél que le ha asistido hasta ese momento asume su cargo. No obstante, puede que se manifieste cierta preferencia por algún devoto por medio de la 'posesión' de dicha persona en uno de los rituales, o por la adivinación del oráculo.[59] En América, para ser santero o santera, el(la) candidato(a) debe pasar por un proceso largo después de su iniciación en la Regla de Ocha. Su orientación y guía provienen de otro(a) santero(a) que se ha convertido en su «padrino» («madrina»).

Se debe distinguir de nuevo entre los santeros o santeras y los sacerdotes independientes del espíritu de *Orúnmila o Ifá*, el Destino. En la tradición de Cuba, como ya hemos mencionado, éstos sólo pueden ser hombres y sus consultas se basan en el oráculo por medio de los «cocos» y no por los «caracoles» como hacen los(las) santeros(as).

---

[58] «*El Santero, o mejor dicho, Padre de Santo: Oloricha, Babaloricha, Baba Ocha, Abiocha, Oluboricha, Iworo, Oricha Awó, Olúo. La Santera o Madre de Santo: Iyaloricha, Iyalocha, Mama Locha. La de mayor edad: Iyaré.* Las *iyalochas* viejas, importantes *Abilolas...*» Cabrera, Lydia. *Koeko, Iyawó: Aprende Novicia.* Miami: Colección del Chichverekú, 1980, p. 8.

[59] Una vez más, Idowu , en su libro clásico, despliega con más detalles el cargo sacerdotal y los pasos que se dan para adivinar la voluntad divina. En mi viaje a Nigeria más que los caracoles de costumbre, noté que se utilizaban unas piedras o nueces grandes llamadas *kola-nuts*, en el proceso divinatorio.

Se relata que en Cuba los que quieren iniciarse como babalaos pueden aceptar tres estilos de iniciación: la consagración primaria a *Ifá* por la que pueden «tirar los cocos» en las consultas; la recepción de «cuchillos», por los cuales el babalao puede realizar sacrificios de animales de cuatro patas (chivos, carneros, cerdos y hasta jicoteas); y la recepción de *Olofin* para ceremonias especiales, ya que sin Olofin no es posible realizar ninguna iniciación de babalaos. Parece que en África también existen tres categorías de sacerdotes que ejercen funciones específicas.[60] Fuera de Cuba se considera que la iniciación por un babalao resulta más costosa que la que pueda efectuar un grupo de santeros.

Recordemos también que existen otros 'asistentes' en los rituales de la Santería, cuyos servicios se rigen de acuerdo con la capacidad de cada individuo; ellos llevan consigo nombres propios, tales como los *olubatá* o tamboreros de *Batá,* el *apkuón* o el que dirige los cantos del ritual, y el *oriaté*, el iniciado que dirige las ceremonias en los distintos rituales de importancia y que ejerce sus funciones como un maestro de ceremonias.[61]

Sacrificios de Animales[62]

Para apaciguar al santo, como parte de los rituales importantes de la *Santería*, o para conseguir algún favor especial, el devoto participa en el sacrificio de los animales favoritos de dicho santo. Es importante

---

[60] López Valdés, Rafael. «El lenguaje de los signos Ifá y sus antecedentes transculturales en Cuba». *Revista de la Biblioteca Nacional José Martí*. Habana, Cuba, Año 69, Época-vol. XX, Mayo-Agosto, 1978, Número 2, p. 53.

[61] *Ibid.* p. 52.

[62] Este es, para la sociedad norteamericana, el elemento más difícil de comprender y el que se utilizó para llevar la 'religión' a la Corte Suprema de los Estados Unidos. Según los sacerdotes del sincretismo, el sacrificio es rápido y no hace sufrir al animal. Su sangre es 'vida' y alimento para los *orishas* a quienes dicha ofrenda les agrada enormemente. Las prácticas de la Santería proveen animales para cada uno de los *orishas* y para cada ritual específico. Véase *In the Supreme Court of the United States, No. 91-948*, «Church of the Lukumi Babalu Aye, Inc. and Ernesto Pichardo, Petitioners, v. City of Hialeah, Respondent», October Term 1991.

que el santero (la santera) «tire los caracoles» primero antes de realizar el sacrificio para ver si al santo le va agradar el sacrificio propuesto. Se ha mencionado ya la gran variedad de animales utilizados en estos sacrificios que se realizan devotamente y con la intención clara de que el *orisha* merece lo mejor.[63]

Según el propio Idowu, autor del libro *Olordumare*, en ciertas partes de Nigeria también eran comunes los sacrificios humanos, especialmente ante una crisis comunitaria que ponía en peligro a todo el pueblo. Usualmente, este sacrificio anual se hacía a *Oramfe* de Ile-Ife y a *Ogún*. Con su sacrificio la víctima no solamente pretendía apaciguar a las divinidades, sino también representar a su pueblo y llevar sus peticiones a tan alto poder.[64] Se cuenta también que en el pasado —y sobre todo en África— el uso de «venenos» en las yerbas era de suma importancia para responderle al *orisha* su petición. En Cuba, y fuera de Cuba, no ha habido ni hay evidencia clara de que estas prácticas, en la actualidad, formen parte de los rituales de la *Regla de Ocha*.

Las Botánicas

Con excepción de la botánica situada en la Plaza del Vapor en la Habana, este tipo de establecimiento no existía en Cuba. La multiplicación de las botánicas fuera de Cuba surge casi como uno de los medios de adaptación que la comunidad cubana utilizó para evitar cualquier asimilación con la cultura dominante de los años sesenta y setenta. Junto a ellas se palpó la institucionalización de otros comercios que representaban la puerta a un ambiente ya perdido pero no olvidado: las clínicas con médicos y enfermeras sensibles; las bodegas

---

[63] En un artículo publicado en 1990, su autor presenta la diversidad de animales que aparecen decapitados en el Río Miami casi diariamente. De diciembre del 89 a febrero del 90, alrededor de 200 pollos y 350 libras de pescado; a la lista se unen, entre otros, chivos, gatos, perros, patos, iguanas, pelícanos, palomas, serpientes y jicoteas. Nickell, David. «River of Chickens: A Day with Metro's Santería Patrol». *Miami News*, March 7-13, 1990, p. 4.

[64] Idowu, E. Bolaji, p. 119.

y carnicerías en las que todo el mundo se conocía al menos por su primer nombre; las tiendas pequeñas, donde se recibía una atención más personal; y cualquier otro establecimiento que facilitase el comercio y el encuentro de muchos cubanos fuera de su patria.

Según el testimonio de muchos, las botánicas se originaron en New York por comerciantes puertorriqueños y después se establecieron en Miami y en otros centros urbanos donde residía un número considerable de familias cubanas, especialmente, entre otros, en New Jersey, Chicago, Los Angeles, y hasta en San Antonio. En ellas se pueden comprar una serie de yerbas, objetos, y los símbolos que los devotos necesiten para los «trabajos» recetados por su santero. Sospechamos que cada botánica aparece respaldada por algún(a) santero(a) que pueda brindarle al público el tipo de atención personal que necesita ante una crisis individual o familiar. Se puede vislumbrar la botánica, pues, como la puerta a las consultas de los sacerdotes de la *Santería*. Antes del establecimiento de la primera iglesia Lucumí en Hialeah, las botánicas constituyeron el signo institucional más evidente de la religión Yoruba-Lucumí en los Estados Unidos.

¿Cómo se acerca una persona a la *Santería* y se inicia en ella?

Se cita popularmente que más de un millón de personas son miembros de la religión Yoruba-Lucumí fuera de Cuba. Nos gustaría conocer cómo se ha logrado conocer esta cifra y quién la propone, ya que la documentación existente no ha logrado revelar los resultados de ninguna encuesta científica que pueda confirmar tal propuesta.

Creemos que sí existe un proceso de penetración en las prácticas de la *Santería* que, posiblemente, proporciona gran atracción para las personas que sufren cualquier crisis y que puede culminar en una iniciación plena a la religión. Sospechamos que los devotos de la *Santería* no se consideran plenamente sus miembros hasta que lleguen al proceso final de la iniciación. Desconocemos cómo piensan los(las) santeros(as) hoy en día sobre este aspecto de membresía. Pero proponemos que antes de su 'iniciación' el devoto de estas prácticas se somete a un proceso evolutivo, por el cual se va involucrando más profundamente en el sincretismo:

A. La consulta:

Este es el primer paso, el proceso más común y al que, sospechamos, se expone la mayor cantidad de personas 'en crisis'. En este primer contacto se consulta a los dioses por medio de los 'caracoles' (si el que consulta es santero(a) o los 'cocos', si el que consulta es babalao) para saber cuáles protegerán siempre al devoto.

Durante la consulta se establece una relación entre el cliente y su santero(a), quien le asegura que le puede llamar o visitar a cualquier hora del día o de la noche. A medida que las visitas se multiplican, también se pueden multiplicar los consejos, los «trabajos», y las exigencias del *orisha* protector, reveladas por los 'caracoles'.

B. La imposición de los collares:

Mencionado ya en párrafos anteriores, este ritual exige la imposición de «siete collares de fundamento», de los cuales cuatro son esenciales; los otros tres dependen de la consulta con el(la) santero(a). Una vez recibidos, nadie podrá tocarlos para que no pierdan su *Aché*. El paso a la recepción de los collares resulta de gran importancia por varios motivos. El devoto se va incorporando más fielmente a las creencias y rituales del sincretismo y hace 'su primera comunión' con los *orishas*. En los Estados Unidos, la motivación asume un rasgo tan peculiar que sólo los más convencidos en el proceso se atreven a abrazarlo: cada rito de 'imposición' le cuesta al devoto alrededor de $200.00.

C. La ceremonia de iniciación en la *Regla de Ocha*:

Lydia Cabrera describe admirablemente el proceso de iniciación en su libros *Yemayá y Ochún*[65] y *Koeko Iyawó*. Si en Cuba el proceso se demoraba dos semanas a un costo mínimo, fuera de Cuba el proceso se ha reducido a una semana y su costo puede variar de $5,000 a

---

[65]   Ya citados; el primero, impreso en 1974, despliega con un gran estilo los detalles del proceso; el segundo, publicado en 1980, complementa al primero en el contenido de los sacrificios envueltos, las limpiezas que les prosiguen y las funciones de los sacerdotes (*babalochas e iyalochas*).

$8,000, o, alrededor de $12,000 si la iniciación es para *Orúnmila*. Se puede decir, en general, que este factor económico parece caracterizar las prácticas de la *Santería*, aunque no podemos dejar de mencionar que existen 'algunos(as) santeros(as)', al menos fuera de Cuba, que no han sido afectados por este nuevo factor.

Durante esta semana el devoto se retira con su(s) padrino(s) o madrina(s) a un sitio lejos de los ruidos de la ciudad; si es posible, bien cerca de un ambiente natural. Cada día de esa semana representa un nuevo amanecer para el creyente, como si se fuese preparando para recibir al «Santo», muriendo a todo lo que es viejo y oscuro en su vida pasada. Al final de cada día se elimina toda la ropa que utiliza, y al comienzo del próximo se reviste con un nuevo ajuar. Tanto el día del *Itá* (la consulta a todos los *orishas* que 'hablan' del futuro neófito en particular) como los sacrificios de animales correspondientes, convergen hacia el final de la semana, momento cumbre en que el devoto y el *orisha* se unen para siempre. Sentado en un trono especial, el neófito o nuevo miembro de la religión es venerado por todos los presentes, que se regocijan y celebran en comunidad.

Desde ese momento al iniciado se le conoce como *Iyawó*.[66] El nuevo 'santo' debe vestir de blanco por un año completo, no ser tocado por nadie ni tocar a nadie, sentarse en una mesa aparte a comer con utensilios propios que ninguna otra persona puede usar, saludar con una 'venia' a los se han iniciado antes que él(ella) y recibir el mismo saludo de los que se iniciaron después de él(ella). Al concluir los primeros tres meses, regresa el(la) neófito(a) a su 'padrino' o 'madrina' para el *Ebó* de los tres meses, ofrendas y sacrificios

---

[66] *«...Su cuerpo y su alma han de mantenerse limpios, y añadiremos que también su ropa, que cambian a diario. En el hogar separan sus pertenencias de las del resto de la familia y comen aparte. Solteros o casados, interrumpirán toda relación sexual. Nada impuro debe contaminarlos. No dirán ni oirán malas palabras. Las conversaciones de doble sentido no se tienen en presencia de una Iyawó. Los que saben de estas cosas los saludan con una ligera inclinación de cabeza, los brazos cruzados sobre el pecho. Los Iyawó no dan la mano, no abrazan ni besan...»* Cabrera, Lydia. *Keko Iyawó: Aprende Novicia,* p. 5-6.

especiales que marcan una nueva etapa en su primer año de iniciación, a veces llamado de 'noviciado'.[67]

Hacemos notar por este medio que las personas vestidas de blanco que vemos por la calle no son ni 'santeros o santeras' ni 'babalaos', sino más bien *iyawó* o iniciados. Las funciones sacerdotales las ejercen el *babaloricha* (Padre de santo) o la *iyaloricha* (Madre de Santo) después de este año de crecimiento y bajo la formación continua de sus padrinos y madrinas.[68] Como se mencionó anteriormente, sólo después que conozca los 'secretos' de la *Regla de Ocha* puede el neófito asumir la función de sacerdote. Y no todos los iniciados quieren asumir este rol dentro de la *Santería*.

Dificultades en el Análisis de la Santería

A pesar de la variedad de símbolos religiosos que son parte integrante de esta *Regla de Ocha*, Yoruba-Lucumí, o simplemente, la Santería, resulta difícil obtener una síntesis clara y completa de dicho fenómeno religioso. Varias son las dificultades que se presentan ante este esfuerzo y que impiden una explicación totalmente satisfactoria de la Santería:

A. La dimensión del secreto o «confidencia». En Cuba la Santería se practicaba en secreto, tanto por razones históricas como por la gran discriminación a que estaban sujetos sus creyentes, y por el gran temor que inspiraba en la comunidad. Fueron pocos, pues, los

---

[67] *«El ebó es el medio que de acuerdo con las revelaciones de los Orichas y de los Ikú que hablan en el Dilogún...emplean Olorichas, Iyalochas y Babalawos para aplacar la cólera de un dios, alejar o desviar una desgracia, conjurar la enferme- dad o la muerte, modificar un destino, atraer la suerte, obtener, en fin, lo que se anhele...Las limpiezas «despojos», que los viejos llamaban en lengua, wemo, inseparables del ebó, son comprendidas dentro del término castellano rogativas... El fin de la limpieza es prevenir o quitar un mal de cualquier género, de una persona o de una cosa. Un padecimiento, una mala influencia, un hechizo, es transferible a un animal o a un objeto. El pollo o el gallo que se pasa por el cuerpo del creyente en esta operación, recogen el daño y las máculas...» Ibid. pp. 144-145.*

[68] *Ibid.* p. 9.

interesados en explorar profundamente la realidad del negro cubano frente a su experiencia religiosa.

B. No obstante, los esfuerzos para explorar este fenómeno comenzaron con investigadores blancos. Tanto Fernando Ortiz como Lydia Cabrera, los más notables de estos investigadores, profundizaron en la Santería y en los otros sincretismos afrocubanos (hasta en la Sociedad Secreta Abakuá) exclusivamente con una perspectiva intelectual antropomórfica. Aunque sin esta perspectiva careceríamos del material científico tan valioso que ambos nos han proporcionado, es necesario admitir que no fueron los afrocubanos los que reflexionaron sobre su propia experiencia religiosa. De mas está decir que aunque varios santeros continúan ofreciéndonos una reflexión más auténtica de su religión, el mismo fenómeno ocurre entre ellos; los que han reflexionado más seriamente han sido los santeros blancos.

C. Existe una falta de consistencia en las mismas creencias y prácticas entre los seguidores de esta *Regla de Ocha*. El mismo énfasis hacia los santos es distinto en Cuba que fuera de Cuba, y muchos encuentran este énfasis más evidente en la tierra nativa de los primeros esclavos que abordaron la Isla. Muchos consideran este factor como producto de «reformas» religiosas que son necesarias en una comunidad de acuerdo con sus necesidades. Sin embargo, en la mayoría de los casos, dicha discrepancia aumenta la confusión entre el pueblo y dicha falta de unidad manifiesta gran parte de la falta de consistencia presente en la Santería.

De hecho, ni el sincretismo como tal ni estas dificultades parecen afectar a los pastores de la Iglesia Católica en Nigeria, para quienes la religión tradicional es una realidad que busca la iluminación de Cristo por medio del proceso de evangelización. Durante el proceso del catecumenado, los catecúmenos Yoruba parecen ir a la Iglesia y conjuntamente visitar al babalao —tan íntimamente unida a la cultura del pueblo aparece esta religión tradicional. Los líderes de la Iglesia paciente y delicadamente comprenden este proceso en sus catecúmenos y consideran que la fe es un regalo que va creciendo con el tiempo. Llegará el momento en que el catecúmeno, antes de su iniciación, se abraza a Cristo plenamente y deja a un lado la religión tradicional, sin dejar a un lado su cultura.

D. En América, es muy difícil, y casi imposible, purificar a la Santería de todos los elementos católicos; quizás porque el propio sincretismo se ha convertido para sus devotos en estas tierras en un apoyo cultural que les permite reaccionar contra estructuras opresivas o adaptarse a nuevas situaciones que causan ansiedad. Tal parece, sin embargo, que algunos santeros del Sur de la Florida se han trazado el propósito de lograr esta división —quizás motivados por la fe tradicional de los que practican la religión Yoruba en Nigeria—[69] con el establecimiento de una iglesia permanente en Hialeah (Miami) y la insistencia en mantener ciertos rituales estrictamente con símbolos religiosos Yorubas. La influencia del proceso histórico que dio lugar al sincretismo religioso y la popularidad de todas estas prácticas mezcladas en el pueblo lo impiden. Se necesitaría una pastoral de conjunto con la contribución de varios especialistas que presenten una dirección pastoral que pueda responder a esta situación desde una perspectiva religiosa y evangelizadora. Para llegar a esta pastoral de conjunto es imprescindible:

a) Continuar reflexionando sobre este tema con la ayuda de estadísticas que puedan apoyar dicha reflexión.

b) No tener miedo a la experimentación pastoral, es decir, a conversar con los santeros y sus devotos, a preguntarles sobre el sincretismo, a invitarles a nuestros rituales católicos y a acogerlos con una actitud evangelizadora.

c) Conocer a los seres humanos en sus «crisis» y lidiar con ellas como Jesús lo hacía, acogiendo al individuo como persona, sin

---

[69] Se ha establecido una iglesia Lucumí en Hialeah; el caso de los sacrificios de animales se llevó hasta la Corte Suprema de los Estados Unidos, y ocasionalmente se celebran rituales de Santería sin iconografía católica, más bien con los símbolos típicos de los Yorubas.

culparlo por sus faltas, y ofreciéndole el amor compasivo de Su Padre por encima de todo.

☺

Ramón pidió entrar en mi Oficina en la Rectoría (Casa Parroquial) porque quería hablar con un sacerdote; actuaba muy confuso y muy nervioso. Su historia me era familiar; la había oído con diferentes palabras de la boca de otros.

Hacía unos años, Ramón llegó a usar drogas y sus padres, bien afectados por la experiencia y sin saber dónde más recurrir, lo llevaron a un 'curandero' para que le 'exorcizara o limpiara' de este mal. Aquí comenzó la jornada complicada de Ramón.

No satisfecho con el 'curandero', Ramón se dirigió a un espiritista, quien le refirió a un 'santero'. El 'santero' trató a Ramón por varios años; era su padrino; seguía sus indicaciones al pie de la letra y celebraba los rituales adecuados. Se apartó de las drogas por el miedo pero desarrolló un gran estado de ansiedad que le impedía vivir en paz. Un amigo lo refirió a otro grupo, el de los 'paleros' o sacerdotes de la Regla de Conga o Regla de Palo (Bantu). El palero le exigió más compromiso y más prácticas de la magia negra. Tanto Ramón como sus padres vivían aterrorizados.

En la oficina me decía: «Quiero olvidarme de todo esto; quiero comenzar de nuevo. ¿Qué hago?» Como quería deshacerse de todos los artefactos de estos sincretismos religiosos que él estimaba como símbolos sagrados, le pedí que me los trajera.

«¿Y nada me va a pasar a mí?» «Nada», le aseguré. «Yo asumo toda la responsabilidad». «¿No se pondrán bravos los dioses y la cogerán conmigo?», respondía. «No», le afirmaba, «ya no tengas miedo».

Después de varios días, Ramón y sus padres me trajeron un sinfín de símbolos ajenos para aquellos que no comprenden o no quieren comprender la fuerza de este sincretismo entre sus adeptos. Mi objetivo era claro: substituir esos símbolos por el Evangelio de Jesús. Desde aquel momento, Ramón y sus padres comenzaron a visitarme con regularidad para compartir juntos un proceso catequético por el que se reintegraron a la Iglesia de su bautismo. Tan sólo necesitaban de una comunidad que les ayudara a encontrar al Dios de la paz y del amor que tanto buscaban.

El río Ochún en Osogbo, Nigeria, de donde surgen las leyendas
sobre la «diosa del amor» en la Regla de Ocha.

El autor con Lydia Cabrera, reconocida autoridad en
las religiones afro-cubanas.

LOS *ORISHAS* CON SUS NOMBRES
DE 'SANTOS'[70]

AGAYU (Agallú)	San Cristóbal
AGUEMA	Santa Filomena
BABA	Nuestra Señora de las Mercedes (como 'varón' y no como mujer)
BABALU-AYE	Lázaro (el personaje nombrado en el Evangelio de San Lucas)
LOS BELLIS (Ibellís)	Los mellizos, Cosme y Damián
CHANGO	Santa Bárbara
DADA	Nuestra Señora del Rosario
ELEFURO	Santa Ana
ELEGGUA	Las Animas del Purgatorio, San Antonio, el Niño de Atocha
ELLECOSUN	Santa Lucía
ESHU	San Miguel Arcángel, o el Diablo
IGUI	San Cristóbal o San Lucas
IROCO	La Inmaculada Concepción
NANA BURUCU	Nuestra Señora del Carmen
OBA	La Candelaria o Santa Catalina
OBAMORO	Jesús el Nazareno
OBATALA	Nuestra Señora de las Mercedes
OCHOSI	San Norberto
OCHUN	Nuestra Señora de la Caridad
OGGUN	San Pedro o San Juan
OKE	San Juan
OLORDUMADRE	Dios Padre Todopoderoso
OLOSI	El Diablo o demonio
ORDUA	San Manuel (Emanuel)
ORGUIDAY	San Bartolomé
ORICHACO	San José

---

[70] Esta lista de «Santos» y su equivalente en la religión Yoruba-Lucumí está tomada del libro de García Cortéz y de los libros de Lydia Cabrera. Probablemente existen muchas otras interpretaciones de esta fusión de nombres de Santos católicos y *orishas* Yorubas.

OZAIN	San Rafael, o San Ambrosio
OZUN	San Juan Bautista
OYA	Santa Teresa de Jesús o La Candelaria
UNLE	San Julián
YANZA	Santa Teresa o Santa Beatriz
YEGUA	Santa Clara
YEMAYA	Nuestra Señora de Regla

El Indio espíritu que guía a muchos creyentes en el Espiritismo Caribeño
(Foto de Adriano García)

ESPÍRITUS Y DEMONIOS, IMÁGENES FANTASMAS

Indiscutiblemente, se puede afirmar que los medios de comunicación exploran estos temas 'espirituales' con frecuencia, mostrándolos sensacionalmente cada vez que se presentan en la experiencia humana. Se escuchan a menudo comentarios como éstos: «Los ángeles son muy populares», «Los espíritus te quieren comunicar un mensaje», o bien, «Cuídate del demonio».

El cine y la televisión, a veces con más frecuencia que los periódicos, se especializan en popularizar la influencia que estos «seres sobrenaturales» ejercen sobre la humanidad. Desgraciadamente, tanto un medio como el otro explotan historias que llegan a sus productores y las distorsionan de tal modo que fomentan un sensacionalismo que engendra tanto la curiosidad humana como el miedo exagerado. En muchas ocasiones los directores de estas empresas buscan para sus compañías un resultado que se traduzca en muchos dólares y que les haga llegar al primer lugar en popularidad y fama, desafortunadamente a costa del impacto que hayan podido causar en su audiencia.

Sin datos, sin experimentos, solamente basados en historias generales que se imprimen y se reproducen sin ningún análisis crítico, tanto la radio como la televisión, el cine y los periódicos responden al hambre por la transcendencia que se respira en el mundo de hoy con imágenes de «ángeles», «espíritus» o «demonios» representados en formas ajenas a la tradición católica, de la cual surgieron. Mientras tanto, el pueblo sigue girando alrededor de estas imágenes en busca de esa influencia sobrenatural que le va a ayudar a resolver un problema inmediato o a protegerle de algún mal.

☺

María se presentó en mi oficina y en seguida noté que estaba angustiada. Hacía poco que había llegado a los Estados

Unidos. Se fue con sus dos hijas pequeñas de su nativa Nicaragua después de aquel terremoto que causó tanta muerte y tanta destrucción en la capital.

Aquí, en mi oficina, me pedía que orara por sus hijas, una de diez años y la otra de ocho, porque no sabía por qué actuaban como actuaban. «¿Estarán poseídas de algo?», me preguntaba.

Su pregunta se basaba en un hecho muy sencillo para el que ella no tenía explicación. Las niñas se levantaban solas casi todas las madrugadas y comenzaban a gritar desde la cama de una manera inconsolable. Habían pasado ya varias semanas y el hecho se repetía siempre a la misma hora y siempre simultáneo en ambas niñas.

No fue difícil para mí encontrarle a este suceso una explicación distinta a la que sospechaba María, sobre todo cuando me dijo que el terremoto de Managua había ocurrido a esa hora. Muy posiblemente las niñas grabaron en su inconsciente (o subconsciente) esta experiencia tan desagradable que todavía no habían superado porque no la habían conversado o expresado satisfactoriamente con alguien que les pudiera escuchar y orientar. Cada madrugada, a la misma hora, mientras dormían, es decir, mientras su consciente descansaba y el inconsciente seguía funcionando, el inconsciente les daba permiso para expresarla de una forma tan dramática.

Le sugerí que acudiese a un psicólogo infantil y le ofrecí la opinión de que la crisis de sus hijas pasaría pronto. Pero antes de marcharse de la oficina, oré con ella y con las niñas, las encomendé al Señor, les di mi bendición, y noté que la ansiedad de María había desaparecido.

Para la mayoría de los seres humanos, una alternativa como esta explicación tan sencilla no tiene sentido. Muchos prefieren seguir creyendo en la opción 'sobrenatural' que escapa a toda explicación o alternativa natural. Para ellos resulta más fácil creer en el mundo de la 'posesión' o la 'comunicación' con los espíritus antes que vislumbrar que nuestra experiencia como seres humanos es vasta y compleja, y es a veces testigo de una serie de fenómenos que a primera vista no resultan formar parte de lo que ya 'conocemos' por los sentidos, pero que se pueden explicar de otras maneras. ¿Por qué querer explicarlo todo desde la perspectiva 'sobrenatural' cuando puede que existan otras opciones, otras explicaciones naturales? Dejemos que lo sobrenatural se manifieste cuando Dios quiera, y no cuando nosotros queramos. Recordemos, en otras palabras, que aún tenemos mucho que aprender de esta vida humana que compartimos, de nuestros cuerpos, de nuestras facultades, de nuestros sentimientos y de nuestra intuición. Como dijo el gran filósofo francés Gabriel Marcel, «la vida es un misterio que hay que vivir y no un problema que hay que resolver».

Por lo tanto, al analizar en los siguientes párrafos las opiniones o proposiciones sobre espíritus y demonios conjurados por los 'poderes' de ciertos individuos —a veces llamados espiritistas, brujos o curanderos— trataremos de presentar de una manera concisa los principios que otras ciencias, como la Psicología y la Parapsicología, pueden brindarle a nuestra experiencia pastoral. Enlazada a esta contribución científica, presentaremos la postura de la Iglesia que mantiene la victoria de Jesucristo sobre el demonio por Su muerte y resurrección, y celebra este triunfo glorioso en cada Sacramento, especialmente en la liturgia diaria, como nos lo recuerda el Catecismo de la Iglesia.[71]

La Iglesia, no obstante, siempre ha distinguido en su tradición doctrinal dos aspectos importantes sobre el demonio: su existencia y la influencia que el Maligno ejerce en nuestras vidas a pesar de nuestro libre albedrío. De hecho, la Iglesia ha insistido en la necesidad de

---

[71] *Catecismo de la Iglesia Católica.* Citta del Vaticano: Libreria Editrice Vaticana, 1991, párrafo 1112.

evitar y prevenir ciertas exageraciones sobre el 'Mal' que conduzcan a los fieles al 'pánico espiritual'. El equilibrio de la tensión teológico-pastoral (lo que creemos como enseñanza de la Iglesia y lo que se presenta como fenómeno extranormal en nuestra experiencia pastoral) debe descansar siempre en una actitud positiva y una postura clara que ayuden a los demás a liberarse del 'miedo' y a vivir libres y en paz consigo mismos, con los demás y, sobre todo, con el Señor.

El Espiritismo

El Espiritismo es la creencia de que los espíritus de los difuntos se pueden comunicar con los vivos por medio de una persona intermediaria conocida como 'médium' o medio-unidad.

Esta creencia ha permeado las culturas humanas por muchos siglos, formando parte integral de los mitos y rituales de los persas, caldeos o babilonios, los egipcios, y los habitantes de China y de las múltiples tribus de indígenas americanos. Para éstos, en especial, las fuerzas espirituales ejercían su poder en la naturaleza. Los grandes espíritus de sus antepasados residían detrás de cada árbol, en la cima de las montañas, en el Sol y en la Luna y desde allí les observaban para asegurarse de que las tradiciones tribales continuaban sin ninguna interrupción y para protegerles de cualquier mal. Su medio de comunicación con los habitantes de la tribu era el conocido *shamán,* a veces el sacerdote tribal pero en muchas ocasiones un personaje que ejercía esta función de 'comunicación' que de por sí consideraban diferente a las funciones sacerdotales.

El Espiritismo Moderno surgió en el siglo pasado en Hydesville, New York, con el caso tan conocido de las hijas del señor John Fox.[72] Dos de sus hijas, Margarita de seis años y Katie de 15, les hicieron

---

[72] La historia de las 'Fox' aparece relatada en los libros del gran parapsicólogo jesuita, el Padre Oscar González-Quevedo, S.J., sobre todo en *El Rostro Oculto de la Mente*, pero también en muchas de las Enciclopedias que tratan este tema. Por ejemplo, véase, Rohrback, P.T. «Spiritism». *New Catholic Encyclopedia*. New York: McGraw-Hill Book Company, volumen 13, p. 576.

creer a sus oyentes que el ruido que ellas escuchaban en su habitación provenía del espíritu de un familiar difunto. Había nacido el espiritismo. Ante la falta de explicaciones científicas, la creencia se extendió de los Estados Unidos hacia el resto del mundo. El movimiento desencadenó un interés excesivo en grandes personajes de la historia tales como Victor Hugo, Victoriano Sardou, Conan Doyle, William Crookes y Charles Riquet.[73] Uno de ellos en especial, un francés llamado *Hippolyte Rivail* se convirtió en el mejor teorizante de esta nueva creencia. Conocido más como *Allan Kardec*, este escritor llegó a convertirse en el 'Padre' del Espiritismo Moderno.

¿Y qué más hubo de las hermanas Fox? Después de haber sacado un buen partido de su fraude, llegaron a confesarlo como tal y murieron sumergidas en el alcohol y en la miseria.[74] Esta es la historia, bien sencilla: la historia de una mentira, de un fraude, del que surge todo un movimiento religioso basado en doctrinas ni probadas ni comprobadas que se extienden con gran rapidez a través del mundo entero. ¡Con qué facilidad nos involucramos los seres humanos en estas confusiones religiosas cuando no conocemos otra alternativa a las explicaciones «sobrenaturales» expuestas por estos fraudes!

Hoy en día se pueden observar dos formas de practicar el Espiritismo: una, el Espiritismo científico, basado en las teorías de *Allan Kardec*, y la otra, el Espiritismo popular, adaptado por los pueblos de acuerdo con sus necesidades y, en la mayoría de los casos, sincretizado con otras creencias y prácticas religiosas. En el Espiritismo científico, sobre todo, las sesiones se llevan a cabo alrededor de una mesa que facilita que los miembros del grupo unan sus manos para 'esperar' que la energía del grupo permita que uno de sus miembros sea poseído por un 'espíritu'.

☺

¿Por qué me vino a ver? No lo sé, pero siempre me ha interesado escuchar a personas involucradas en estas prácticas. Y

---

[73] Véase el No. 96 de *Imágenes de la Fe (Fetes et Saisons)*, pp. 22-23.

[74] *Ibid.*

esta señora me habló de la Iglesia Espiritista que se reunía todos los 'viernes' y a la cual asistían dos tipos de miembros, los 'médiums', que siempre se sentaban en un círculo cerrado, y los que no lo eran, que también formaban un círculo más grande alrededor del primero. El ritual más común era el de esperar que algún espíritu 'hablara' por medio de uno de aquellos que formaban parte del círculo interior para que les comunicara algún mensaje a los que esperaban en el círculo exterior. Me di cuenta de que me hablaba del Espiritismo Científico y me acordé de aquella religiosa, directora de catequesis en una de nuestras parroquias, que me invitó a observar la nueva comunidad de 'espiritistas' que habían comprado sus casas una al lado de la otra y que habían levantado una cerca a su alrededor para que nadie les moles-tase. De estas nuevas casas iban niños a su catequesis, callados, introspectivos, desprovistos de trato social, que regresaban a esas casas, después de clases y sin relacionarse con nadie, para participar de alguna sesión especial cada viernes. A la Hermana no le importaba de donde provenían estas criaturas. Ella quería penetrar la cerca, llegar a esos padres, y compartir la Palabra de Aquel que, por el bautismo, nos ha invitado a todos con el corazón abierto a reunirnos los domingos para celebrar Su Vida entre nosotros.

En el Caribe y fuera del Caribe, entre los hispanos de los Estados Unidos, el Espiritismo sigue siendo muy popular como una mezcla entre las doctrinas generales de *Kardec*, el Catolicismo, y hasta con las creencias y rituales de la Santería. A este tipo de 'mezcla' o sincretis-mo le llamamos el Espiritismo popular. Fue uno de mis alumnos quien nos lo explicó más detalladamente:

Un amigo me invitó a una sesión espiritista porque estaba maravillado de las cosas que pasaban ahí. Fui a mi primera sesión; lo primero que hicieron fue colocarle frente a cada uno de los presentes un vaso de agua para que los espíritus estuvieran contentos y se presentaran por medio de los fluidos (las burbujitas de aire que se forman en el agua). Mientras más fluidos o burbujas hubiera en el vaso, más unido estaría el espíritu a la persona. Después se rezaba un Padrenuestro antes de comenzar la sesión. A continuación, la 'médium', o 'caballo' como también se le llama, fumó su tabaco y bebió un vasito de ron fuerte que le gustaba al espíritu. La 'médium' se puso a regar el humo del tabaco por los alrededores y trataba de concentrarse, cerrando los ojos y encorvándose para hablar como una negra con su saludo habitual. Dio por fin tres golpes en el piso y, así, pidió permiso para hablar.

Después de describir algunas otras sesiones y la forma en que la sugestión, más que la clarividencia, funcionaban en los miembros de este grupo, mi alumno concluía sus reflexiones de esta manera:

«En el espiritismo también pasa esto, el miedo constante a las cosas: no le des monedas a nadie de tu bolsillo porque te hacen brujería con ellas; ten cuidado con la visita que va a tu casa; cuídate del compañero de trabajo que te tiene envidia y te está haciendo brujería para quitarte el puesto; no te olvides de poner el vaso de agua a tus espíritus guías, si no ellos te abandonarán, y muchas cosas más...»[75]

---

[75] Reflexiones compartidas por uno de mis alumnos universitarios en los cursos que dicté en Miami para Florida International University en los últimos años de la década de los 70.

Vaso de agua cerca de un crucifijo que, en el Espiritismo popular, ahuyenta a los 'espíritus' malos y atrae a los 'buenos'.

La experiencia, aunque relatada de una manera sencilla, es muy común. Lo 'maravilloso' se transforma en curiosidad para muchos y las impresiones adquiridas en estas sesiones parecen atribuirles poderes especiales a los que las dirigen, o al menos, conexiones con poderes 'sobrenaturales' que pueden influenciar nuestra vida cotidiana. Si hemos afirmado que la Santería se extendió a otras subculturas hispanas por la influencia que ejercía entre los cubanos, podemos afirmar que, según nuestra experiencia, el Espiritismo ha encontrado su máxima expresión en el Caribe y en los Estados Unidos entre lo puertorriqueños quienes han extendido sus prácticas a los demás grupos.[76] Entre los Latinos de Centro y Sur América, las creencias espiritistas aparecen más enraizadas en la influencia que ejercen los 'curanderos' profesionales y populares de sus países.[77]

La exposición más abierta del Espiritismo Moderno se hizo en el Congreso de París de 1900. Sus doctrinas mantienen que el ser humano está compuesto de tres elementos: el *alma*, o espíritu, principio de inteligencia que de por sí es un espíritu encarnado que antes vivió en otra persona; el *cuerpo*, un envoltorio rústico y grosero que sostiene al espíritu transitoriamente y lo coloca en relación con el mundo exterior y el *periespíritu*, una substancia invisible que se encuentra entre el cuerpo y el espíritu. Por la muerte, el envoltorio grosero se destruye y el espíritu, sostenido ahora por el periespíritu, puede ejercer una serie de funciones, manifestándose o bien sobre la materia por medio de golpes o movimientos de objetos, o bien comunicándose con los vivos a través de un 'médium'. Este espíritu se va desarrollando aquí en la tierra o en el espacio a medida que deja los diferentes envoltorios rústicos que lo contienen hasta que llegue a su perfección plena;[78] de ahí la suposición de que todos los espiritistas

---

[76]   «En Guayama existe la escuela espiritista 'Paz y Concordia', que practica y divulga el espiritismo científico o moderno...La Federación de Espiritistas de Puerto Rico, celebró su sexta asamblea anual ordinaria en Guayama, en 1908. Se dice fue trascendental y en ella se sentaron los principios fundamentales del Espiritismo en Puerto Rico...En la asamblea de Guayama, como en otra en Cayey, se aprobaron resoluciones condenando el curanderismo. Los líderes espiritistas de Mayagüez se quejaban del daño que al espiritismo hacían los hechiceros, farsantes, nigromantes y adivinos...» García Boyrié, Francisco A. *¿Ciudad Bruja? ¿Por qué Guayama?* Guayama: Impresos González, 1981, pp. 13-14.

[77]   Recomendamos el siguiente libro para explorar este tema a fondo: González-Quevedo, Oscar. *El Poder de la Mente en la Curación y en la Enfermedad (Los Curanderos).* Asunción, Paraguay: Intercontinental Editora, 1992.

[78]   *«En las sucesivas encarnaciones, el Espíritu se va despojando poco a poco de sus impurezas y perfeccionándose por el trabajo, llegando así al fin de sus existencias corpóreas; pertenece, entonces, a la orden de los Espíritus puros o de los ángeles y goza, al mismo tiempo, de la vida completa de Dios y de una felicidad*

(continúa...)

son 'reencarnacionistas' y de que la reencarnación forma parte intrínseca de las doctrinas espiritistas que aparecen no sólo en las religiones del Oriente sino también en las sectas norteamericanas del *New Age* y, más recientemente, de *Heaven's Gate.*

Los espiritistas mantienen ciertos procedimientos que, según sus creencias, se utilizan para comunicarse con los espíritus: «los golpes repetidos (o typtología), la mesa giratoria, el 'oui-já' (o tablilla), el vaso parlante, la psicografía, la escritura automática y la evocación de los espíritus.[79]

Tanto la versión más sofisticada del Espiritismo como la popular presentan una serie de problemas para aquellos que profesan su fe en Jesucristo y que, por el bautismo, la confirmación y la eucaristía, son miembros de la Iglesia. No obstante ello, necesitamos aclarar que muchos de los que participan en el Espiritismo popular desconocen las distinciones que a continuación vamos a presentar y que depende de nosotros, la 'iglesia' el que lleguen a conocer más su fe por medio de una educación integral de esa fe a todos los niveles de la vida humana, desde la niñez hasta la senectud:

1) Por sus creencias reencarnacionistas, las doctrinas espiritistas se presentan contrarias a la tradición de la Iglesia que sostiene la unidad entre el alma y el cuerpo del ser humano y que mantiene que, una vez fallecida la persona, el alma se presenta ante Dios para seguir viviendo unida a El o separada de El por toda la eternidad. Debido a la insistencia del desarrollo del 'alma', los espiritistas no proveen ninguna enseñanza sobre el cielo, el

---

(...continuacion)
sin mácula para la eternidad». Kardec, Allan. *El Espiritismo en su Más Simple Expresión.* Caracas: Mensaje Fraternal, 1991, pp. 33-34.

[79] Vernette, Jean. *Ocultismo, Magia, Hechicería.* Madrid: Editorial CCS, 1992, p. 91-92.

infierno o el purgatorio; más bien niegan la postura de la Iglesia sobre estos conceptos.[80]

2) Las doctrinas espiritistas niegan también las doctrinas básicas del Cristianismo tales como la Encarnación, la Trinidad y la Redención. Para los espiritistas, Dios aparece más en la naturaleza o en los espíritus que se encarnan a través de su 'vida' que revelado en Su Hijo, Jesucristo, quien asumió la carne humana para redimirla y mostrarnos el camino hacia la eternidad.

3) Son muchas las citas bíblicas que denuncian las prácticas invocatorias como se acostumbra en las iglesias o movimientos espiritistas; entre otras, *Deuteronomio* 18:10-12, *Levítico* 19: 31 y 20:6, *Hechos de los Apóstoles* 9:9-12, 13:6-12, 16:16-18, y 19:2-20.

4) En 1856 la Congregación de la Inquisición declaró muy abusivas las prácticas por las que se evocaban los espíritus y otras supersticiones parecidas y exhortó a los obispos a que protegieran a sus fieles de estas costumbres (Dz. 1654). A la pregunta sobre las escrituras automáticas, propuestas por los que creían y fomentaban la doctrina de que los espíritus enviaban sus mensajes por este medio, el Santo Oficio, con la aprobación y el apoyo de Su Santidad León XIII, se mostró negativo. La temática del Concilio Vaticano II reafirmó estas enseñanzas sobre todo en la Constitución Dogmática sobre la Iglesia (*Lumen Gentium*).[81] La misma postura de la Iglesia sobre la dignidad del cuerpo y el verdadero destino de los seres humanos aparece en muchos otros documentos Conciliares:

---

[80] Recomendamos una re-lectura de la Constitución Dogmática sobre la Iglesia (*Lumen Gentium*), sobre todo de su capítulo VII: «Índole Escatológica de la Iglesia Peregrinante y su unión con la Iglesia Celeste», párrafos 48 al 51.

[81] *Ibid.* Recalcando la postura de la Iglesia sobre el tema de las 'invocaciones' desde Alejandro VI (27 de septiembre de 1258), *Lumen Gentium* señala en su párrafo 49 que «*Así que la unión de los peregrinos con los hermanos que durmieron en la paz de Cristo de ninguna manera se interrumpe, antes bien, según la constante fe de la Iglesia, se fortalece con la comunicación de los bienes espirituales...*»

«El hombre, unitario en su dualidad de cuerpo y alma, es, por su condición corporal, una síntesis del universo material, el cual encuentra su plenitud a través del hombre y por medio de éste puede alabar libremente a su Creador; por eso no le está permitido al hombre despreciar su propia vida corporal, sino que está obligado a considerar su cuerpo como bueno y digno de honor, ya que ha sido creado por Dios y ha de resucitar el último día...»[82]

5) La Iglesia nunca ha pretendido dar explicación a todos los fenómenos propuestos por los espiritistas u ofrecer interpretaciones contrarias a los dones preternaturales o a manifestaciones sobrenaturales que se puedan exteriorizar en la experiencia humana. La Iglesia siempre ha denunciado las interpretaciones 'espiritistas' desde la perspectiva de la fe. Y a la vez, la Iglesia acoge más en este siglo los estudios de la Parapsicología moderna que se propone analizar y explicar aquellos fenómenos no explicables por medios naturales para que se determine si, en realidad, hay una influencia 'sobrenatural' en dichos fenómenos, o si se trata de una experiencia natural.[83] Pero hay que tener cuidado con la palabra 'parapsicología' que algunos reencarnacionistas han utilizado para promover sus doctrinas y para involucrar a la gente sencilla y 'en crisis' en sus métodos de curación y en su interpretación de la vida sobrenatural. En páginas posteriores trataremos de divulgar de nuevo la postura de la Iglesia sobre la asistencia que tanto la Psicología moderna, como la Parapsicología, les pueden ofrecer a nuestros agentes pastorales.

---

[82] *Documentos Completos de Vaticano II*. «Constitución Pastoral *Gaudium et Spes* sobre la Iglesia en el Mundo Actual». Bilbao, España: Edición Mensajero, 1980, párrafo 14.

[83] Kloppenburg, O.F.M., Boaventura. *Fuerzas Ocultas*. Bogotá, Colombia: Ediciones Paulinas, 1983, p. 112. Este texto fue traducido al inglés con el siguiente título: *Pastoral Practice and the Paranormal*. Chicago, Ill.: Franciscan Herald Press, 1979, p. 52.

Nos queda por responder una pregunta importante: ¿Cómo se comunican los católicos cristianos con los muertos, si no es de la manera que presentan los espiritistas o los reencarnacionistas? Obviamente, esta respuesta surge de la experiencia de fe y de la tradición de la Iglesia que proclama y celebra que siempre vivimos y morimos para el Señor (*San Lucas 20:38*).

Jean Vernette lo presenta de una manera muy clara en su publicación. Para el autor, lo que es invisible para nosotros —la 'esencia' de Dios— es visible para nuestros difuntos cuando disfrutan de la comunión con el Señor sin sombras ni pecado. Ellos están vivos y presentes con una presencia real y espiritual, pero invisibles a nuestros sentidos. Su jornada hacia la 'esencia' de Dios, no obstante, comienza en el propio Bautismo y culmina en la 'visión beatífica', el término de un proceso o etapa de purificación que la Iglesia llama 'purgatorio'. Los cristianos, por lo tanto, no se dirigen directamente a los difuntos para solicitar su ayuda o su consejo, sino a Dios, el Señor del Universo. Por el amor de Dios, hecho visible entre nuestros difuntos que están en comunión con El, ellos se convierten en *intercesores* ante el Señor y nos quieren favorecer con ese amor solícito. En pocas palabras: «*estamos tanto más cerca de ellos, cuanto más cerca de Dios tratamos de estar. Y ellos están tanto más cerca de nosotros, cuanto más cerca están de El. Porque entonces viven de Su Vida*».[84] Nosotros vivimos en la esperanza de encontrarnos con ellos de nuevo y descubrimos en la Eucaristía el momento más cercano a este encuentro. Al comulgar, recibimos a Cristo Resucitado que reúne en Sí Mismo a vivos y muertos.

---

[84] Vernette, Jean. *Ocultimos, Magia, Hechicerías*, pp. 96-101.

Nuestros difuntos se convierten en intercesores ante el Señor y nos favorecen con su amor solícito. (Cementerio de Colón, La Habana.)

Ángeles: Mensajeros en el Plan de Salvación

Indiscutiblemente, la historia de la Iglesia nos presenta diferentes épocas en las que se hace más hincapié en ciertas aspectos de la doctrina que en otras. La Iglesia siempre ha necesitado adaptarse a los 'signos de los tiempos', respondiendo así a las exigencias del Evangelio que necesita enraizarse y ser proclamado o bien en términos aceptados por la cultura contemporánea o como una respuesta firme a las ideologías desviadas que ciertos personajes ciertos personajes de la historia han propuesto. Los apóstoles predicaron el Evangelio en contraposición a la cultura politeísta del Imperio Romano. San Pablo extendió a los Gentiles (no judíos) la invitación a la 'nueva' comunidad del Señor Resucitado, a pesar de la oposición que encontró al principio entre sus propios hermanos, y dando pie a que esta apertura se discutiera seriamente en el primer Concilio de la Iglesia (*Hechos* 15:1-35).[85] En múltiples ocasiones los Padres de la Iglesia asumieron posturas contra herejías que podían confundir al pueblo de Dios y desviarlo de la vida cristiana a la vez que desarrollaban doctrinas claras que les ayudasen a comprender el misterio de Cristo Jesús.

Más recientemente, el Concilio Vaticano II, que concluyera en 1965, nos ha proveído de un conjunto de documentos maravillosos que continúan preparándonos, junto con las reflexiones del magisterio eclesial, hacia y durante el Tercer Milenio. En estos documentos Conciliares, y a diferencia de los documentos de otros Concilios de la historia eclesial, se palpa más un énfasis pastoral, un énfasis de re-interpretación del misterio del Señor al mundo contemporáneo, que un énfasis doctrinal. Dicho énfasis nunca ha implicado que las doctrinas de la Iglesia no son importantes; por el contrario, hoy más que nunca necesitamos enfatizar las doctrinas de la Iglesia ante las confusiones religiosas que surgen continuamente en el mundo. Este nuevo énfasis, sin embargo, se debe realizar en el contexto teológico-pastoral que nos facilitó Vaticano II desde 1965, comprendiendo el ambiente que nos rodea con toda su complejidad cultural y social, evitando la pura reproducción de categorías o imágenes medievales que, por sus limitaciones históricas, no pueden comunicar la Buena Noticia adecuadamente en la actualidad, y aceptando el desafío de traducir creativamente el mensaje y las doctrinas de nuestra Iglesia en un nuevo lenguaje y con un nuevo reto para la humanidad. Es el *kerigma*[86] proclamado por el pueblo de Dios que peregrina hacia un

---

[85] Las tensiones no cesaron con el Concilio de Jerusalén. San Pablo encontró gran oposición por parte de los judaizantes que aparentemente trataron de desacreditar su autoridad como predicador y como apóstol. San Pablo mismo toca el tema en sus cartas a las comunidades que ayudó a fundar, especialmente en la primera carta a los Corintios.

[86] La palabra *'kerygma'* *(o kerigma)* señala la primera predicación de los apóstoles tal y como la escuchamos y vivimos en el Evangelio, la Buena Noticia de Jesús, desde los comienzos de la Iglesia; en otras palabras, «¡Jesús ha resucitado!» (I Corintios 15:14). El *kerygma* es la Palabra de salvación acerca del Reino de Dios

(continúa...)

mundo mejor porque quiere vivir comprometido con una nueva evangelización.[87]

Por décadas, el tema de los ángeles desapareció de los círculos académicos propios de los Seminarios, Universidades y Escuelas de Teología. Ante las reformas propuestas por Vaticano II, o bien no había tiempo para tratar este tema, o, como sucedió con otros temas, éste no encajaba en el 'racionalismo'[88] que predominaba en estos círculos y que llegó a extenderse a nuestras parroquias. Y, sin embargo, el tema de los 'ángeles' —por tanto tiempo ausente de los círculos eclesiales—, en los últimos años, y gracias a los medios de comunicación, se ha hecho presente de nuevo en la conciencia de nuestros pueblos (o como dirían algunos que siguen la escuela de Jung, 'se despertó del inconsciente colectivo' de los pueblos donde descansaba dormido).

En esta década de los noventa los ángeles son muy populares, y probablemente lo seguirán siendo a medida que nos acercamos al año 2,000. Sospechamos, desafortunadamente, que esta popularidad se basa en la 'independencia' con que se presentan los ángeles hoy en

---

(...continuacion)
que nos conduce a la liberación plena.

[87] *«En el camino de preparación a la cita del 2000 se incluye la 'serie de Sínodos' iniciada después del Concilio Vaticano II: Sínodos generales y Sínodos continentales, regionales, nacionales y diocesanos. El tema de fondo 'es el de la evangelización', mejor todavía, el de la nueva evangelización, cuyas bases fueron fijadas por la Exhortación Apostólica Evangelii Nuntiandi de Pablo VI, publicada en el año 1975 después de la tercera Asamblea General del Sínodo de los Obispos. Estos Sínodos ya forman parte por sí mismos de la nueva evangelización; nacen de la visión conciliar de la Iglesia, abren un amplio espacio a la participación de los laicos, definiendo su específica responsabilidad en la Iglesia, y son expresión de la fuerza que Cristo ha dado a todo el Pueblo de Dios, haciéndolo partícipe de su propia misión mesiánica, profética, sacerdotal y regia...»* Juan Pablo II, *Tertio Millennio Adveniente.* Cittá del Vaticano: Libreria Editrice Vaticana, 1994, párrafo 21, p. 25.

[88] El racionalismo teológico clásicamente presenta la postura por la cual el ser humano puede llegar a descubrir la totalidad de la 'verdad' sin necesidad de la Revelación Divina.

día, como si fuesen 'seres extraterrestres' con poderes especiales que quieren dirigirnos por una nueva senda hacia otras galaxias, o como 'espíritus' encarnados en forma humana que viven escondidos entre nosotros para protegernos.

Reflexionemos, aunque sea concisamente, sobre los ángeles y los demonios y enfoquemos nuestras reflexiones hacia aquella antigua y perenne dicotomía entre el bien y el mal y su influencia entre nosotros. En este contexto nos preguntaremos si la 'magia' bajo sus dos aspectos de 'invocación' o 'brujería' realmente existe y funciona; y si funciona, por supuesto, ¿de qué manera?

El dogma sobre los ángeles proviene del IV Concilio de Letrán de 1215 (Denz 800) y fue sostenido por el Concilio Vaticano I de 1870 (Denz 3002). Por este dogma, los católicos creen que Dios creó el reino invisible de los ángeles, espíritus puros, antes de la creación del mundo. Los creó a todos buenos, inteligentes, un poco superiores a los seres humanos, capacitados para tomar decisiones morales, y dispuestos siempre a alabar a Dios y a manifestar Su gloria. Uno de ellos, creado como todos 'bueno' por Dios, se rebeló contra El; éste es Satanás, a quien le siguieron sus compañeros, reconocidos como demonios. Esta declaración conciliar del siglo XIII refleja un proceso de desarrollo histórico que tiene sus orígenes en las Sagradas Escrituras.

La creencia en 'espíritus' puros, que ya hemos mencionado, ha formado parte de la mitología de muchos pueblos. Sin embargo, la tradición sapiencial del Antiguo Testamento sostuvo siempre que los ángeles formaban parte esencial de la corte de Yavé, el Señor de los Ejércitos; eran invisibles y vivían ajenos a cualquier necesidad humana. Su único fin era alabar a Yavé, aunque más tarde aparecieron en forma humana para intervenir en los asuntos de ciertos personajes de la Biblia (*Génesis* 18:2 y *Daniel* 8:15); así aparece 'Rafael' involucrado en la vida de Tobías (12:19). No hay evidencia alguna de lucha alguna entre ángeles buenos y ángeles malos en el Antiguo Testamento, aunque el Adversario aparece en el libro de Job y comienza a ser visto como una fuerza maligna independiente (*Job* 1:6-12; *Zacarías* 3:1-3). En el Antiguo Testamento, por lo tanto, Dios es la fuente del bien y del mal; todo está sometido a Su soberana voluntad, hasta el Adversario.

En el Nuevo Testamento, Jesucristo aparece como el Unico Mediador entre Dios y la humanidad: el Hijo de Dios, que es superior a los ángeles (*Hebreos* 1:1-8).

De hecho, los ángeles aparecían en su función principal, derivada del nombre que se les dio, del griego 'angelos': mensajeros. Eran mensajeros de Dios por el bien de la humanidad caída. Por eso el ángel del Señor, Gabriel, anunció a María que Ella iba a ser la Madre del Redentor por el don del Espíritu Santo *(Lucas* 1:26-38); por eso, dos de ellos le anunciaron a otra María, María Magdalena, que Aquel que ella buscaba no estaba ya en la tumba porque había resucitado (*Lucas* 24:1-12).

En su vida ministerial, Jesús anunciaba el Reino de Dios cada vez que sanaba a los enfermos y les liberaba de todos sus males. Es este el énfasis que aparece consistentemente en el Nuevo Testamento: la liberación plena en Jesucristo, a Quien le temen hasta los demonios. No creemos que a la Iglesia primitiva le interesase probar, con los exorcismos de Jesús, la influencia que ejercía el demonio sobre los seres humanos, sino más bien, el poder de Jesucristo sobre el Mal. La tradición de la victoria de Jesús se hizo más palpable al final del primer siglo con el libro del Apocalipsis o Revelación. En dicho libro aparece la batalla misteriosa entre Miguel y sus ángeles contra Satanás y sus demonios (*Revelación* 12:7-9).

En su tradición, la Iglesia siempre se mantuvo firme en no multiplicar los nombres de los ángeles a pesar de que en la Edad Media se aceptó una jerarquía angelical compuesta por arcángeles, ángeles, virtudes, potestades, principados, dominaciones, tronos, querubines y serafines. El peligro de que éstos se convirtieran en 'seres' que se manifestasen bajo la invocación mágica de los fieles hizo solamente que se preservasen cuatro nombres conocidos: los arcángeles Miguel, Gabriel, Rafael y Uriel. De éstos, sólo los tres primeros se han conservado en la liturgia de la Iglesia Romana desde la época Gregoriana. El concepto de los Angeles de la Guarda aparece en las reflexiones, entre otras, de San Clemente de Alejandría,

Orígenes, San Ambrosio, San Jerónimo y San Juan Crisóstomo, aunque se mantuvo siempre una discusión sobre si estos ángeles acompañaban al 'no bautizado' de la misma manera que al 'bautiza-do.'[89]

El culto de veneración a los ángeles (nunca de adoración) surge de la virtud de 'religión' y forma parte de la tradición revelada en las Cartas de San Pablo (I *Corintios* 11:10; *Gálatas* 4:14). Miguel, el más famoso de los arcángeles encontró una devoción amplia en el Oriente desde el siglo IV, y en el Occidente desde el siglo V. En Francia, desde el A.D. 708, y por varios siglos, Mont-St.-Michel se convirtió en uno de los sitios de peregrinación más visitados por los cristianos medievales.

Recordemos que el concepto de 'alas' en los ángeles, que tiene su origen en las representaciones de la diosa griega de la Victoria, se mantuvo solamente durante el siglo IV ya que los Padres de la Iglesia afirmaron que los ángeles nunca se presentaban ante los seres humanos ni 'en la carne' ni en su 'forma auténtica', sino en una forma apropiada al contexto de su intervención. Por siglos, y según las Sagradas Escrituras, los ángeles fueron reconocidos por representaciones y nombres 'masculinos', aunque en la Era del Renacimiento se introdujeron por medio del enriquecimiento artístico de la época nuevas representaciones de ángeles del género femenino.

Son innumerables las reflexiones teológicas sobre los ángeles durante este período histórico, posiblemente porque se necesitaba reflexionar muy seriamente sobre la influencia que los ángeles caídos ejercían sobre la gente. Las discusiones aumentaron con la diversidad de opiniones que circundaban los círculos teológicos de la Edad Media. A pesar de la variedad de opiniones que existen, recordemos que el tema de los 'ángeles' ni necesita ni solicita aprobación empírica; es materia de fe, y sólo en el contexto de la 'fe' se puede constatar.

---

[89] La información sobre los ángeles se puede encontrar en muchos sitios, entre ellos, en el conjunto de artículos por J. Michl, A.A. Bialas, S. Tsuji, T.L. Fallon, and E.F. Siegman, «Angels». *New Catholic Encyclopedia*. New York: McGraw-Hill Book Company, 1967, volumen I, pp. 506-519.

Además, no hay duda de que los ángeles caídos han formado parte de este contexto de fe desde el IV Concilio de Letrán, pero su influencia y sus poderes sobre la humanidad nunca han sido declarados oficialmente por la Iglesia como dogma; por el contrario, las opiniones de los Padres de la Iglesia al respecto han sido muy variadas y discutidas a través de la historia.

Demonios: La Tentación y el Pecado

De acuerdo con Fray Boaventura Kloppenburg, O.F.M., antiguo profesor del Instituto Pastoral de Medellín y hoy obispo en Brasil, la magia o brujería— desde su perspectiva teológica —es irreal. Tanto en su artículo de 1977,[90] publicado en la Revista Medellín, como en su libro *Fuerzas Ocultas*, Monseñor Kloppenburg recoge las discusiones teológicas y los pronunciamientos Papales de varias épocas históricas de la Iglesia para ilustrar su tesis.

Hubo una diferencia bien marcada entre la postura eclesial de los primeros siglos y la que ofrecieron tanto la jerarquía como el clero en la Edad Media. Ante un mundo y una época donde las explicaciones escaseaban y donde predominaban las creencias de los viajes nocturnos de brujos y brujas, las conjuras directas o indirectas con el demonio, los aparentes hechizos conjurados por los adivinos y magos de siempre. y otros fenómenos extraños, hasta el Papa Inocencio VIII tuvo necesidad de establecer la Inquisición con su Bula pontificia *Summis Desiderantes* del 5 de diciembre de 1484. Dicha Bula señalaba los procesos necesarios a seguir contra aquellos que hicieran un pacto 'explícito' con el demonio por medio de conversaciones directas con él o a través de los grupos satánicos y sus rituales, o un pacto 'implícito' que explicaba cualquier otro fenómeno presente en los 'poseídos', sobre todo el de la 'adivinación'. Cualquier manifestación

---

[90]   Kloppenburg, Boaventura. «La Irrealidad de la Magia o Brujería». *Revista Medellín*, vol. 3, no. 9, marzo de 1977. Hemos citado anteriormente su libro, *Fuerzas Ocultas* en su versión inglesa *Pastoral Practice and the Paranormal*.

fenomenológica fuera de lo normal y no conocida por los presentes se consideraba como el resultado y producto de algún pacto diabólico.[91]

En cuanto al pacto 'explícito' o el pacto 'implícito' con el demonio, Kloppenburg nos recuerda que en las Sagradas Escrituras la exhortación a no practicar ningún tipo de magia no provenía de la creencia de que en las prácticas existiera en realidad la acción diabólica, sino que se hacía para evitar que los fieles se volviesen impuros, ya que estas prácticas siempre se consideraron como una abominación hacia Yavé (*Lev.* 19:31, *Dt.* 18:13), y un alejamiento radical de la Alianza (*Dt.* 13, 2-6; *Isaías* 8:19-20).

Más aún, Kloppenburg afirma que esta postura eclesial de la Edad Media no coincidió siempre con las posturas teológicas que presentó la Iglesia en siglos anteriores, sobre todo la del Concilio de Paderborn de A.D. 785, presidido por Carlomagno y la del *canon Episcopi*, atribuída al Papa San Dámaso y a un Concilio no bien identificado de Ancira (A.D. 314) que en el siglo IX formó parte de la legislación eclesiástica conocida como el *Decretum Gratiani*, por el cual se puede concluir que «son 'herejes' los que creen en la brujería como cosa' real».[92] Tampoco ha sido ésta la postura de siglos posteriores, especialmente la del siglo pasado, cuando la Iglesia en tres ocasiones, en 1840, 1857 y 1858, denunció las pretensiones erróneas de magos y espiritistas y declaró que estas prácticas no son sólo 'pecado', sino también una 'herejía'. ¿Por qué? Porque, entre otras razones, sostienen

---

[91] Hasta finales del siglo pasado —aunque en muchos sitios todavía existe la asociación— la 'epilepsia', sobre todo las convulsiones epilépticas indicaban para muchos que el demonio se había poseído del sujeto.

[92] *«Si el mismo Satanás que se transforma en ángel de luz, cuando toma la mente de alguna mujerzuela, y ésta por infidelidad se le somete, allí mismo se transforma en diversos tipos de personas y apariencias, y la mente que tiene cautiva, engañada por los sueños, ya alegres, ya tristes, ya mostrándole personas conocidas o desconocidas, las conduce por caminos desviados; y como esto se padece sólo en el espíritu, la inteligencia infiel juzga que esto no viene del alma, sino del cuerpo... ¿Quién será tan obtuso y tan tonto, que todas estas cosas que se hacen sólo en el espíritu, juzgue que también suceden en el cuerpo?...Quien crea estas cosas y otras semejantes, ha perdido la fe».* Koppenburg, Boaventura, *Revista Medellín*, p. 65.

el 'dualismo' mencionado en párrafos anteriores donde a veces triunfan las fuerzas del 'bien' y en otras ocasiones las del 'mal' y donde, por lo tanto, la Providencia Divina no está presente para asistir a la criatura en su peregrinaje hacia la eternidad. Al mantener que se pueden producir efectos no naturales con medios naturales, los practicantes de la magia niegan la soberanía de Dios y aceptan una especie de politeísmo, es decir, una fe ciega en otros 'dioses'.

Indiscutiblemente, en la época medieval, por falta de conocimientos científicos y bajo la presión cultural del ambiente que sí señalaba y fomentaba al demonio como la causa de muchos males, la Iglesia sostuvo esta probabilidad como hecho; incluso, en más de una ocasión llegó a convencer de hechiceras a aquellas personas que, bajo la Inquisición, manifestaron ciertos fenómenos, aparentemente no naturales e inexplicables, como si proviniesen de algún contacto con las fuerzas demoníacas. Hoy en día, la Iglesia permanece abierta a otras posibilidades antes de declarar en ningún individuo o en algún acontecimiento una influencia diabólica o cualquier intervención sobrenatural de origen divino.

No obstante así, esta proposición no niega la existencia del demonio, sino pretende aclarar aquellas maneras en que el demonio actúa sobre los seres humanos, de acuerdo a la propia tradición eclesial: la *tentación*, la más común de todas, en la que mantenemos la libertad para escoger algo que se presenta como bueno y que es dañino para uno o para otros, la *opresión*, manifestada en el mundo físico, la *obsesión*, manifestada sobre el espíritu, y —por último— la *posesión*, fenómeno rarísimo que abruma totalmente la voluntad.[93] De estas cuatro actuaciones, las tres últimas no se pueden determinar sin el análisis adecuado de las múltiples explicaciones alternas que existen para distinguirlas, ya que en la mayoría de los casos proceden de circunstancias que tanto la psicología moderna como la parapsicología llegan a interpretar sin recurrir a la dimensión sobrenatural. Más común y más asequible a los seres humanos es la propia *tentación* que

---

[93] Vernette, Jean. *Ocultismo y Hechicería*, pp. 63-64.

se nos presenta a diario —y de muchas maneras— y que se propone en desviarnos de los caminos de Dios.

En resumen, si le atribuimos al demonio la causa de todos nuestros males según acontece en nuestra experiencia humana, o si, por otro lado, nos convencemos de que Dios interviene 'continuamente' en nuestra experiencia humana por medio del 'milagro', caeremos en una especie de actitud 'mágica' que ignora conjuntamente nuestra libertad para tomar decisiones y asumir responsabilidad por nuestros actos, y la liberalidad o gracia de la Providencia Divina, revelada en Jesucristo, el Hijo de Dios, y celebrada por los miembros de la Iglesia. Necesitamos, por lo tanto, instrumentos que nos ayuden a comprender aquellos fenómenos, aparentemente ajenos a nuestros sentidos, que no podemos explicar, y que en el pasado eran considerados como resultado de las fuerzas demoníacas o de la intervención divina.

Como hombres y mujeres de fe, creemos firmemente en la intervención de Dios en la vida humana en nuestro ambiente religioso y cristiano, pero cuando El lo desee y lo permita, no cuando nosotros lo queramos. Pueden existir otros fenómenos que, en nuestra experiencia humana, surgen de acuerdo con nuestras condiciones físicas del momento, o de la relación entre nuestra psiquis humana y nuestro organismo biológico, o de la 'autosugestión' o de las presiones sociales y personales que nos acechan. No podemos ni debemos explicarlos con la mentalidad medieval que se presenta limitada y escasa en nuestra era, sino con un deseo superior de afirmar que la gracia transforma la naturaleza y que, aunque creados a la imagen de Dios, todavía hay mucho por conocer de nuestra humanidad. Como hombres y mujeres de fe, como agentes pastorales comprometidos a transmitir el mensaje de Jesús en un lenguaje que ayude a liberar a nuestro pueblo de la magia y de la superstición, necesitamos abrir nuestra mente y nuestro corazón a las explicaciones que nos puedan ofrecer otras disciplinas.

Psicología y Parapsicología

Para afrontar el mundo de lo 'maravilloso' donde predominan el miedo, la superstición (aunque insistimos en que muchos de los devotos de estas prácticas no saben que están ofendiendo a Dios y no lo admitirían), y las prácticas de adivinación y de persuasión que prevalecen en muchas de las sectas y cultos populares, necesitamos conocer un poco de estas dos ciencias.

Aceptamos la Psicología Moderna porque se ha desarrollado mucho más en este siglo y porque vivimos más expuestos a ella tanto en nuestros círculos académicos y casas de formación o seminarios, como en nuestro trato con los fieles. Comprendemos ya que ni el psicólogo ni el psiquiatra han sido llamados a tratar solamente casos extremos, casos patológicos, sino que también pueden brindarles ayuda a todos los que, como nosotros, no necesitamos internarnos en un sanatorio o recibir medicinas fuertes pero que, desafortunadamente, hemos crecido con ciertas experiencias algo neuróticas que nos impiden desarrollar y ser felices, y, por lo tanto, hacer a otros felices por igual. Sabemos que el 'sub' o inconsciente humano nos puede engañar con mucha facilidad y que mientras dormimos, aunque nuestro 'consciente' descansa, nuestro inconsciente continúa activo, con frecuencia disfrazando nuestros sentimientos más profundos por medio de los sueños.

Como agentes pastorales, y porque tratamos tanto con otras personas, necesitamos más que nunca conocernos bien: conocer y comprender nuestros dones y nuestras debilidades, el por qué de nuestras reacciones hacia ciertas personas o ante ciertos acontecimientos; qué nos hace 'saltar' o qué nos ayuda a experimentar tranquilidad; qué nos satisface interiormente o por qué a veces sentimos un hambre emocional que nos altera y nos causa ansiedad. Mientras más nos conocemos, más podemos vivir seguros de nuestra humanidad, de nuestra vocación y de nuestro servicio al Señor y a todos los que El coloca en nuestras manos para servirles. Como ciencia, como instrumento básico de crecimiento personal y comunitario, la Psicología nos puede ayudar a contestar estas preguntas y muchas más.

¿Y la Parapsicología? La Parapsicología, también como ciencia, nos puede ayudar a responder otras preguntas en el campo religioso que, quizás, no nos hayamos hecho en el pasado pero que ahora se presentan con más frecuencia. Recordemos la definición de esta ciencia que hiciera el Padre González-Quevedo en su primer libro:[94]

«...La ciencia que tiene por objeto la constatación y análisis de los fenómenos a primera vista inexplicables, pero que presentan posibilidad de ser resultado de las facultades humanas...»

En los siguientes párrafos no pretendemos ni repetir lo que ya se ha dicho sobre esta ciencia tanto en los cursos dictados por el Padre González-Quevedo, o a través de las publicaciones que ya existen, ni asumir el título de parapsicólogo. Más bien, quisiéramos señalar algunas pistas que nos pueden ayudar a todos como agentes pastorales con relación a los movimientos religiosos que hemos venido analizando y ante el crecimiento de los fenómenos 'maravillosos' reportados por tantas personas con buenas o malas intenciones sin otra explicación que la de sobrenatural.

Tanto en *El Rostro Oculto de la Mente* como en el primer volumen de *Las Fuerzas Físicas de la Mente*, el Padre González-Quevedo clasificó los fenómenos para-psicológicos en fenómenos de efectos *psíquicos* (telepatía, clarividencia...), de efectos *físicos* (casas encantadas, levitaciones...), y de efectos *mixtos* (faquirismo, curanderismo...).[95] Y en otra de sus publicaciones, *El Poder de la Mente en la Curación y en la Enfermedad*, el autor, utilizando el material adquirido por sus experiencias y las del Instituto Parapsicológico de Sao Paulo, Brasil, nos muestra que existen alternativas a muchos de los fenómenos que, hasta hace poco, considerábamos extranormales, específicamente en el área de las curaciones.

---

[94] González-Quevedo, S.J., Oscar. *¿Qué es la parapsicología?* p. 32.

[95] González-Quevedo, S.J., Oscar. *Las Fuerzas Físicas de la Mente I*. Santander: Edición 'Sal Terrae', 1972, p. 9.

Siempre nos admiró conocer más sobre la 'sugestión' y lo fácil que es para ciertas personas hacerles creer a otros que padecen de enfermedades graves aunque no manifiesten ningún síntoma en su organismo, o, por el contrario, en curaciones de enfermedades que aún tienen esas personas, aunque los síntomas hayan desaparecido temporalmente. La medicina psicosomática ya venía explorando desde hace décadas estas posibilidades en sujetos que expresaban en su organismo ciertas condiciones afectadas por su estado mental. Aunque existe validez en las prácticas de la medicina psicosomática, algunos se han aprovechado de la sugestionabilidad humana, y, ante la gran cantidad de enfermos sugestionables, se decidieron a utilizar *placebos* como medicinas; éstos son productos inútiles que «se administran a los enfermos, en forma de inyecciones, comprimidos o bebidas, con los mismos rótulos y nombres, que los verdaderos remedios...en el fondo, un engaño consentido y organizado».[96] La gente que los usaba, por supuesto, se iba sintiendo mejor, y hasta se curaba. Si hay un axioma que la Medicina ha descubierto en las últimas décadas es aquel que afirma que espíritu y cuerpo son inseparables en la salud y en la curación, lo mismo en la enfermedad, o expresado en otros términos, «el enfermo lleva en sí mismo su curación, lo mismo que su propia destrucción».[97]

Los efectos que analiza la Parapsicología van más allá de la sugestionabilidad de los seres humanos. Existen personas 'extrasensibles' que demuestran cierta 'intuición' o capacidad extrasensorial. Según los para-psicólogos, las mujeres parecen pertenecer a este grupo más que los hombres, aunque, indiscutiblemente, existen hombres capaces de manifestar esta sensibilidad tan extrema. Del género femenino, estos científicos indican que las niñas pequeñas, las adolescentes, y las señoras que están sufriendo su 'menopausia' emocional y biológica son los mejores sujetos. Por medio de las facultades desarrolladas del inconsciente, algunos de estos sujetos

---

[96] González-Quevedo, S.J., Oscar. *El Poder de la Mente en la Curación y en la Enfermedad.* Asunción, Paraguay: Intercontinental Editora, 1992, p. 81.

[97] *Ibid.,* p. 242.

llegan a funcionar como 'transmisores' de mensajes no captados por los sentidos, y otros como 'receptores'. De hecho, entre un 'transmisor' y un 'receptor' puede existir una comunicación a nivel inconsciente o por *telecinesia* (la persona está presente) o por *ESP, percepción extrasensorial* (la persona no está presente, más bien a distancia y, en este caso, ESP está interrumpida por objetos tales como paredes, casas, o edificios...); de ahí la posibilidad de fenómenos que se necesita analizar con más atención científica en un laboratorio.

Nos insisten los expertos en que estas facultades, aparentemente extrasensoriales, tienen dos características de suma importancia: son *involuntarias* (se manifiestan en momentos no provocados conscientemente) e *incontrolables* (es muy difícil y muy peligroso tratar de controlarlas por medio de ejercicios mentales u otros experimentos). De hecho, cuando científicamente se analizan ciertos casos, los expertos han comprobado que cuando las personas manifiestan o causan cierta fenomenología de orden negativo, han dejado expuesto su inconsciente de tal forma que han llegado a captar, por el inconsciente, aquellos 'malos' deseos de los que les quieren hacer daño, por ejemplo, por medio de un 'hechizo'.

Para los parapsicólogos, aunque la magia negra no funciona y es irreal, los malos deseos, provocados por transmisores auténticos, pueden ser captados por aquellos receptores abiertos y vulnerables que, a su vez, creen en ella como 'brujería'. De acuerdo con esta teoría que se debe continuar estudiando, el reverso debe funcionar también así: los 'buenos deseos' se comunican de la misma manera. Para nosotros la oración de intercesión es un 'buen deseo' por el cual se invoca la ayuda de Dios sobre aquellos que están más necesitados en el momento. A veces nosotros mismos nos convertimos, por la fe, en los 'transmisores' que comunican la ayuda del Señor a aquellos 'receptores' que la buscan. Nunca podremos saber si el mismo Señor ha concedido lo que hemos pedido, o si el cambio producido ha sido un resultado de nuestro contacto mediante el inconsciente. Nada de esto importa: somos instrumentos de Dios que nos ha capacitado con su gracia para transformar el dolor y el sufrimiento del prójimo;

también Él nos necesita para ayudar a los demás. Mons. Kloppenburg le ha llamado a este proceso 'causa conjunta'.[98]

Tanto el Padre González-Quevedo, como Mons. Kloppenburg, nos ayudan a caminar por una senda bastante desconocida en nuestros círculos teológicos. La clasificación de fenómenos que pueden acontecer entre personas comunes, cuyas facultades aparentan estar desarrolladas, es vasta y compleja, pero todos ellos son explicables y no inmediatamente sujetos a interpretaciones sobrenaturales. Como agentes pastorales, puede que encontremos personas con estas facultades 'desarrolladas' aunque de primer momento no sepamos cómo explicarles a fondo el desarrollo de sus 'dones'.[99] Cada persona es un misterio y sólo Dios sabe qué talentos le concede a cada uno de Sus hijos; lo importante para nosotros es aprender a utilizar dichos talentos para alabar al Señor y ayudar a los demás. Afrontaremos con más frecuencia los múltiples casos de personas 'sugestionables', receptores que han sido sujetos del engaño y del fraude de espiritistas,

---

[98] *«Cuando, como sacerdote, impongo las manos sobre alguien que tiene una enfermedad funcional (no orgánica) y le doy la bendición sacramental o hasta el mismo sacramento de la unción de los enfermos y constato que el enfermo se ve al instante curado (y afirmo semejantes hechos por mi propia experiencia), sé perfectamente que sobre el enfermo actuaron a la vez dos causas: la sugestión indirecta (pues la imposición de las manos o la unción son en sí excelentes sugestiones indirectas) y la oración o el sacramento ('signo eficaz'). Como psicólogo no puedo negar la eficacia de la sugestión, ni tampoco afirmar que la sugestión actúa con exclusión de la oración o del sacramento; como cristiano no puedo negar la eficacia de la oración o del sacramento, ni tampoco afirmar que la sugestión no intervino en la curación. Es lo que llamo «posible causa conjunta».* Kloppenburg, *Fuerzas Ocultas*, p. 255.

[99] *«Por el mayor número de católicos, o por la emotividad y transcendencia de su doctrina (Eternidad, Purgatorio, Cielo, Infierno, Pasión de Cristo, etc.), o por los ayunos y penitencias de ciertos ascetas, o por la delicadeza y santidad de los místicos, o por otros muchos motivos, es lo cierto que en el catolicismo, si es que no hay tantos, sí hay ciertamente fenómenos parasicológicos (prescindimos ahora de los milagros), concretamente de 'curaciones', más importantes que en el espiritismo y cualquier otra secta o religión».* González-Quevedo, S.J., Oscar. *El Poder de la Mente en la Curación y en la Enfermedad*, p. 252.

astrólogos, y curanderos y que creen que el 'mal de ojo' funciona y que el 'hechizo' es una realidad. Tendremos que aclararles que más funciona 'lo que creen ellos que funciona' que lo que afirman los demás les va a suceder si no se conforman a sus 'recetas' o 'mandatos'.

Aunque la mayoría de las curaciones son producto de la sugestionabilidad humana, los expertos afirman que puede haber curaciones parapsicológicas, no sobrenaturales. El Padre González-Quevedo nos indica en su libro los elementos necesarios:

«...*El influjo energético (telergía): influencia física (extranormal) del curandero, que actúa en presencia del enfermo; influencia espiritual, extrasensorial (paranormal) del curandero, que puede actuar a cualquier distancia del enfermo; influencia del mismo enfermo, sobre su propio organismo, estimulado a distancia por el curandero; influencia del mismo enfermo sobre su propio organismo o enfermedad, estando en la presencia del curandero y su influjo una especie de catalizador o estímulo de esa actividad...*[100]

Y de las curaciones sobrenaturales, ¿qué hay? ¿Es que vamos a reducir todo fenómeno manifestable al nivel psíquicopsicológico o parapsicológico? Por supuesto que no. Precisamente porque estamos comprometidos a crecer en una vida espiritual que nos permite ser portavoces de un mensaje único y transformador, creemos en la intervención divina y en la vida sobrenatural que no se pueden medir con categorías humanas. Pero para llegar a determinar con la Iglesia que dicho fenómeno o tal manifestación ya no se puede explicar de otra manera que la 'sobrenatural', importa muchísimo que hayamos analizado el fenómeno críticamente. En el primer capítulo de su libro, *Fuerzas Ocultas*, Monseñor Kloppenburg nos presenta catorce interpretaciones de fenómenos que pueden manifestar los seres humanos y que en otro siglo explicaríamos exclusivamente como

---

[100] *Ibid.*, p. 111.

causados por influencias sobrenaturales:[101] desde la mentira y el fraude, la sugestión, las alucinaciones, la mitomanía, las personificaciones y el histerismo hasta el trance.

Para nuestros agentes pastorales, el criterio principal debe ser lo que Monseñor Kloppenburg llama la 'ley de la economía': «*...mientras que un fenómeno pueda ser explicado naturalmente no hay derecho para recurrir a una explicación preternatural o sobrenatural...*»[102]

Es prerrogativa de la Iglesia la de interpretar como 'sobrenaturales' o 'milagros' fenómenos no explicables de otras maneras, pero no es competencia de la teología la de dar estas explicaciones hasta tanto la ciencia haya agotado todas las posibilidades humanas, por el bien de la propia ciencia, la teología y de la misma Iglesia. Si nos encontramos a alguien que dice estar endemoniado(a), ni podemos utilizar el 'exorcismo' por nuestra cuenta, ni tampoco hacer experimentos con la persona para comprobar sus síntomas. Como agentes pastorales, presentemos el caso a las autoridades competentes que determinarán la gravedad del mismo. Incluso si el caso merita la presencia de un exorcista, a éste lo selecciona el Obispo diocesano que también conserva en secreto los detalles de la experiencia.[103] Para los agentes pastorales, la última interpretación de un fenómeno aparentemente no natural debe ser la teológica.

Lo mismo sucede con las 'curaciones' o con otros tipos de 'milagros'. Tanto el P. González-Quevedo como Monseñor Kloppenburg nos exhortan a que distingamos entre verdaderos 'milagros' y la 'milagrería' que atrae a tantas personas. Es cierto que la emotividad del momento, ya sea en un santuario mariano o en una celebración religiosa, puede despertar nuestras facultades del inconsciente que son 'involuntarias' e 'incontrolables'. Debido a esta realidad, podemos

---

[101] Kloppenburg, Boaventura. *Fuerzas Ocultas*, capítulo 1, pp. 9-46.

[102] *Ibid.*, p. 11.

[103] Recomendamos la publicación de una serie de artículos sobre las Sectas y Cultos Satánicos que proveen orientación y claridad sobre este tema desde la perspectiva de varias ciencias. «Sects and Satanic Cults». *L'Osservatores Romano.* No. 5-10 del 29 de enero al 5 de marzo de 1997.

reflejar nosotros mismos, o ser testigos de otros que reflejan, ciertas manifestaciones extranormales (imagínense si la persona verdaderamente califica como sujeto para la Parapsicología, según describimos en párrafos anteriores); aún así, no debemos ni podemos llegar siempre a la conclusión de que hemos presenciado un 'milagro' sin un análisis científico previo del fenómeno en cuestión. No podemos caer en la tentación de constatar la presencia de Dios en una experiencia humana que no haya sido verificada primero por la ciencia hasta que, después de un largo proceso, la propia ciencia se la entregue a la teología para que la interprete como 'milagro'.[104]

Si algún(a) cristiano(a) duda de que pueda haber un milagro, debe examinar su fe. Incluso los psicólogos y parapsicólogos más eminentes se han encontrado múltiples fenómenos que no han podido explicar «a su manera». La Iglesia, cuando los examina y los declara 'oficialmente' sobrenaturales, no obstante, no hace alarde de la situación; no hace propaganda ni del fenómeno ni de aquellos que lo presenciaron; no hay publicidad; no hay agitación; no hay recetas o diagnósticos que puedan provocar que el fenómeno se repita para agrado de otras personas. Recordemos que cuando Dios permite un milagro, una experiencia excepcional y no muy común, lo hace para alimentar la fe y confirmar la doctrina revelada. Como nos recuerda el Padre González-Quevedo siempre, en los primeros 100 años de Lourdes sólo se constataron alrededor de 65 milagros.[105]

Es importante que veamos cualquier 'milagro' como un signo de que el Reino de Dios está ya entre nosotros, más que una 'prueba' o un

---

[104] *«En Lourdes los médicos y demás especialistas, encargados del examen de los enfermos que visitan aquel santuario mariano, y del estudio de las posibles curaciones, suelen distinguir entre 'curaciones' en Lourdes y curaciones de Lourdes. 'Curaciones' naturales, sugestivas, histéricas se dan en Lourdes, como pueden darse en cualquier otro lugar. Son muy distintas de las curaciones consideradas por los hombres de ciencia como milagrosas, milagros de Lourdes».* González-Quevedo, S.J., Oscar. *El Poder de la Mente en la Curación y en la Enfermedad*, p. 249.

[105] *Ibid.*

'prodigio' que viene del 'más allá'. En las sabias palabras de Jean Vernette:

> «...(el milagro) Es, ante todo, una manifestación del amor de
> Dios. No es primeramente una 'prueba', es un 'signo' (palabra
> que emplean muy a menudo los cuatro evangelistas) percibido
> por la fe...»[106]

Conclusión y Resumen: El Exorcismo en la Iglesia

Evidentemente, entre los hispanos de los Estados Unidos las manifestaciones religiosas más comunes se revelan de una manera mezclada, de una manera sincrética. La popularidad de santeros, espiritistas y curanderos se hace eco en las pequeñas comunidades de hispanos, que, o bien desde sus casas o desde sus comercios y empresas, siempre conocen y dan a conocer a 'alguien' que les puede 'resolver cualquier problema'.

Más aún, los medios de comunicación no cesan de proyectar la imagen de algunos de estos santeros, espiritistas, o curanderos también como 'astrólogos'. Una gran cantidad de 'psíquicos' recorren los canales de televisión anunciando un solo producto: su propia capacidad de calmar, hasta por teléfono, las ansiedades de sus clientes para indicarles el verdadero camino a la felicidad, todo esto, por supuesto, por una cantidad fija de dinero. Lamentamos que utilicen la palabra 'psíquicos' porque, casi por definición, todos somos 'psíquicos', dotados de espíritu y cuerpo, y conscientes de las facultades de nuestro 'sub' o inconsciente.

El elemento cultural, traído de nuestros países de origen y compartido con otros hispanos en los Estados Unidos, y el elemento comercial, adquirido en estas tierras norteamericanas con facilidad, se unen a un tercer elemento de índole sociológica y religiosa que no podemos ignorar: los Estados Unidos cuentan con la mayor cantidad de sectas satánicas conocidas y, posiblemente, la mayor cantidad de cultos en general. ¿Por qué atraen estas sectas y estos cultos a tanta de nuestra gente, sobre todo, según las estadísticas, a nuestros jóvenes?

---

[106] Vernette, Jean. *Ocultismo, Magia, Hechicerías*, p. 18.

A pesar de la irrealidad teológica de la magia o brujería y de las explicaciones a ciertos fenómenos que nos pueda ofrecer la Parapsicología, existen personas que optan libremente por el Satanismo en la forma que Anton La Vey lo ha propuesto recientemente, o en una forma parecida.

El culto a Satanás constituye un acto de fe 'reversible'. Sus rituales, antes como hoy, se pueden resumir en dos focos de interés básicos: 1) la 'gratificación' continua del *ego;* a diferencia de los 'reencarnacionistas', para quienes la vida humana es transitoria y no le ofrece nada al espíritu, los Satanistas afirman que sólo viven una vez y que, por lo tanto, tienen que satisfacer todas sus pasiones, sin ninguna de las inhibiciones que las religiones institucionales fomentan; y 2) un rechazo continuo de Dios, la Biblia, la Virgen, los Santos y todos los símbolos religiosos cristianos que representan un estilo de vida opresivo del cual Satanás los libera.

Es difícil distinguir al propio 'Satanás' como objeto de adoración entre los miembros de estas sectas, ya que en algunas ocasiones para ellos Satanás solamente es un símbolo, aunque en otras, es un personaje real. Lo que no es difícil de captar es la constante 'rebelión' que reflejan los miembros de estas sectas contra toda norma religiosa que les cohiba; se palpa esta rebelión religiosa, y a veces social, en los rituales propios de los Satanistas, especialmente en la Misa Negra.[107]

Algunos antropólogos y psicólogos, al estudiar más seriamente este fenómeno de las sectas Satánicas, han sugerido que las sectas han crecido por las siguientes razones. Desde el punto de vista psicológico, sus adeptos prefieren renunciar a cualquier responsabilidad y comienzan a desplegar ciertas tendencias masoquistas que los conducen a la autodestrucción. A esta razón se le puede añadir un sentimiento profundo de culpabilidad por la incapacidad de controlar su ambiente y su vida, la imposibilidad de vivir en medio de las leyes humanas —producto de situaciones tiránicas en la familia o de la sociedad— y la preferencia por hablar, cantar, y dialogar sobre la 'muerte' y sobre

---

[107] Ferrari, Giuseppe. *«The Phenomenon of satanism in contemporary society».* *L'Osservatore Romano.*, No. 5, 29 january 1997, p. 10.

los signos relacionados con los muertos de una manera habitual pero tétrica.[108] Según estos expertos, la secta o el culto es un medio por el cual estas personas pueden afrontar la sociedad de un modo agresivo, un ambiente donde pueden adquirir y satisfacer todas sus necesidades materiales, entre ellas, el deseo de poseer ciertos 'poderes' que los rituales Satánicos garantizan, y la justificación necesaria para participar en cualquier satisfacción sexual, especialmente las más desviadas. Algunos expertos sostienen que esta atracción hacia los signos mórbidos y negativos de las sectas Satánicas puede ser para algunos de sus miembros una respuesta a traumas violentos sufridos en la niñez o la adolescencia.

En esencia, aunque la Iglesia sostiene la victoria de Jesucristo sobre el 'Maligno', también sostiene que la función de Satanás está subordinada a la de Dios.[109] Aunque la Redención se ha hecho presente en Jesucristo, cada uno de nosotros tiene que luchar por disfrutarla en la eternidad; por esta razón la Iglesia sostiene que aunque Satanás ha sido derrotado, continúa provocando en los hijos de la luz, los cristianos, opciones hacia el pecado y hacia el mal; es el Gran Tentador, el mentiroso 'cósmico' que nos invita a participar en la realidad desde nuestro 'yo' exclusivamente y no desde el amor hacia el otro, como lo hace Jesús (I *Juan* 3:8).

Conviene a la vez aclarar tanto la palabra como la función del «exorcismo» en la Iglesia. Si ha existido, o existe, alguna confusión sobre el tema puede que, en parte, se deba a la reforma que hiciera Su Santidad Pablo VI de los conocidos pasos preparatorios para las órdenes mayores al sacerdocio que fueron añadidos con el paso de la historia.

En el *Motu Propio* conocido como *Ministeria Quaedam* del 15 de agosto de 1972, el Santo Padre abolió la orden mayor del subdiacona-

---

[108] Fizzoti, Eugenio. «*Satanism from a psychological viewpoint*». *L'Osservatore Romano*, No. 7, 12 February 1997, p. 10.

[109] El nuevo «Catecismo de la Iglesia Católica» describe la función exorcista de la Iglesia y la importancia que tiene la ciencia en este proceso. *Catechism of the Catholic Church*. Liguori, Missouri: Liguori Publications, 1994, No. 1673.

do y transformó las llamadas órdenes menores de *portero, lector, exorcista y acólito* en dos ministerios diseñados para seglares que estuviesen en 'vía' hacia las órdenes mayores: el ministerio del *lector* y el del *acólito,* quien desde entonces asumió las funciones del 'subdiácono'.[110] De esta manera, el Papa quiso abrir las puertas para una mayor participación de los seglares en la vida litúrgica de la Iglesia. Ante la ausencia de la orden menor del 'exorcista', sin embargo, más de una persona interpretó que la Iglesia negaba la existencia o la influencia del demonio; estaban, y están, equivocados. Tanto el diácono como el sacerdote ejerce la función de 'exorcista' en cada bautismo. Incluso, dicha función se hace más evidente en los tres escrutinios que provee el Rito de la Iniciación Cristiana para Adultos desde su restauración el 6 de enero de 1972.[111]

El exorcismo público, definido en el Código número 1172 de la Iglesia, está reservado al Obispo y a su delegado. Consiste en un ritual que se demora alrededor de una hora por el cual se invoca el nombre de Dios «para ahuyentar a Satanás como ente personal de alguna persona, animal, lugar o cosa». Existe también un exorcismo privado, o ministerio de liberación, que, de acuerdo a la opinión de muchos, lo puede ejercer un seglar «si goza del carisma y no está solo». Esta función, originada por León XIII el siglo pasado, es más corta y se dirige a una influencia dañina sobre alguien y no a un «ser» personal.[112]

Aunque las posesiones diabólicas que merecen la atención de un exorcismo «solemne», según las directrices de la Iglesia, sean mínimas, existen otras posibilidades de posesión —quizás no tan

---

[110]   Véase el *Enchiridion: Documentación Litúrgica Posconciliar.* Barcelona, Editorial Regina, 1992, p. 891, o *The Rites of the Catholic Church.* New York, Pueblo Publishing Co., 1976, p. 725. Por el uso de la fraseología en Latín, tal parece que Pablo VI quiso dejar una puerta abierta para que, en el futuro, también otros seglares capacitados puedan recibir estos ministerios oficialmente.

[111]   *Enchiridion,* p. 496, o la versión en castellano del Ritual publicado en los Estados Unidos por *Liturgy Training Publications.*

[112]   Vernette, Jean. *Ocultismo, Magia, Hechicerías,* p. 74.

dramáticas— que, como iglesia, todos debemos exorcizar: entre ellas, la 'adicción' al dinero, a las drogas, al sexo, hasta al televisor, que nos impide relacionarnos con nuestros seres queridos; el 'racismo' que impide la aceptación del otro como creado a imagen de Dios; los 'prejuicios' que impiden el respeto a los demás y ejercen una función negativa y divisoria en la sociedad; y el 'odio' o la 'venganza' que impiden la posibilidad del perdón y de la reconciliación como Jesús nos enseñó. Como El liberó a los endemoniados en el Evangelio, la Iglesia nos invita a que aceptemos esa misma liberación que por nuestra iniciación en Sus misterios ya poseemos.

No quisiéramos concluir estas páginas proyectando la impresión de que todos los que están involucrados en las sectas, los cultos y los sincretismos que vamos presentando forman parte o se esconden detrás de las ideas o los ritos propios de las Iglesias Satánicas. Sí queremos compartir nuestra creencia y nuestra experiencia de que el mundo de los agoreros, espiritistas, santeros, el mundo de las sectas y de los cultos que prevalece en nuestra sociedad, se expone a influencias negativas que pueden fomentar entre sus 'clientes' o adeptos una dependencia dañina, un pánico excesivo, y un mundo donde la responsabilidad por la vida, y hasta por el sufrimiento que conlleva la vida humana, se sustituye o por el escape 'espiritual' que les presenta el contacto con otros 'seres' o por la satisfacción material que les conduce hacia la autodestrucción.[113] Lamentamos que tanta gente, miembros de la Iglesia desde su niñez, se abrace ininterrumpidamente a las 'imágenes fantasmas' que otros les presentan. Como agentes pastorales, tenemos que vivir el Evangelio para presentarles a ellos y a todos la opción por Jesucristo. Con El aceptamos el sufrimiento humano porque El nos da la fuerza para transformarlo.

¿Qué más podemos hacer?, nos preguntamos. Si contemplásemos lo que ya dentro de nuestra propia Iglesia existe como parte de su tradición devocional, y si aceptásemos que —transmitido de padres a hijos por varias generaciones— existe un panorama religioso, rico en

---

[113] A estas razones, por supuesto, se les añade las expuestas en el nuevo «Catecismo de la Iglesia Católica». *Ibid.* No. 2116.

simbolismo, que ejerce una gran influencia en nuestros pueblos, quizás exploraríamos más los elementos de la Piedad Popular —o como acostumbrábamos llamarla, la 'religiosidad popular'— para redescubrir en ella una puerta hacia la evangelización actual y la del Tercer Milenio.

Nuestra Señora de la Caridad del Cobre en Su Ermita de Miami.

PIEDAD POPULAR:
IMÁGENES DE FE Y DE COMPROMISO

En los capítulos anteriores hemos examinado algunas de las opciones religiosas que predominan en nuestro mundo complejo que, hambriento de Dios, lo busca incesantemente y expresa su relación con El por múltiples interpretaciones o explicaciones. Para los católicos prácticos, estas expresiones religiosas aparecen como imágenes desviadas de la Verdad tal y como ellos la han conocido en la tradición de la Iglesia. No obstante ello, las hemos presentado no para condenar ni para desacreditar a aquéllos que, buscando la Verdad de Dios, se entregan a estos 'movimientos' religiosos con sinceridad y apertura. Si es cierto que dentro de estos 'movimientos' existen muchas personas manipuladoras que engañan y atemorizan la vida de los creyentes con sus trucos mágicos e interpretaciones absurdas, también es cierto que gran parte de nuestro pueblo latino, dentro o fuera de los Estados Unidos, quiere creer en Dios y busca de inmediato Su presencia ante la inseguridad y el desasosiego de la vida que le rodea.

Esta apertura a la comprensión de las múltiples expresiones religiosas surge prácticamente de la Declaración «*Nostra Aetate*» sobre las Relaciones de la Iglesia con las Religiones no Cristianas, que el Concilio promulgara en 1965:

«Ya desde los tiempos antiguos y hasta nuestros días se encuentra en los diversos pueblos una cierta percepción de esa fuerza misteriosa que se halla presente en la marcha de las cosas y en los acontecimientos de la vida humana, y a veces también el reconocimiento de la Divinidad Suprema e incluso del Padre. Esta percepción y reconocimiento penetra toda su vida con un íntimo sentido religioso...»[114]

El interés de nuestros sacerdotes, diáconos y otros agentes pastorales por estas manifestaciones diversas debe crecer y no disminuir. Ni la tolerancia ciega —que a veces se traduce como una ignorancia colectiva sobre la realidad que nos rodea—, ni el rechazo total y exclusivo, tan común entre los que se consideran «más formados en la fe», pueden caracterizar la pastoral de nuestras comunidades cristianas ante estos fenómenos religiosos. Nos lo recuerda el Concilio:

«La Iglesia católica no rechaza nada de lo que en estas religiones hay de verdadero y santo. Considera con sincero respeto los modos de obrar y de vivir, los preceptos y doctrinas que, aunque puedan discrepar...no pocas veces reflejan un destello de aquella Verdad que ilumina a todos los hombres. Pero anuncia y tiene la obligación de anunciar constantemente a Cristo, que es el camino, la verdad y la vida» (Juan 14:6).[115]

Los esfuerzos y proyectos evangelizadores de nuestras diócesis no pueden ignorar esta búsqueda de Dios que la mayoría de los bautizados católicos —aunque no prácticos en la fe —parecen asumir de vez en cuando. Para éstos, la fe se desarrolla en su vida en diferentes etapas que marcan los momentos críticos de su existencia como individuos o como miembros de la sociedad. Acuden en búsqueda de la trascendencia divina cuando quieren bautizar a un hijo, o presenciar la Primera Comunión de otro, cuando la 'niña' cumple sus quince años, algunas veces ante el matrimonio por la Iglesia, y, casi siempre, ante la enfermedad seria de un ser querido y la muerte. La semilla de

---

[114]   «Declaración 'Nostra Aetate' sobre las Relaciones de la Iglesia con las Religiones No Cristianas». *Documentos Completos del Vaticano II*. Bilbao: El Mensajero, 1980, párrafo 2.

[115]   *Ibid.*

la fe, que vibra en ellos 'a su manera', parece florecer con más intensidad durante dichos acontecimientos que los disponen a escuchar la Palabra de Dios con más atención.

A la vez, estos momentos críticos adquieren un lugar especial en la memoria colectiva de estas familias de acuerdo con la época del año que el grupo celebre. Particularmente para estos católicos que no practican asiduamente, la Navidad, la Cuaresma, incluso el tiempo de Pascua de Resurrección y, decididamente, las celebraciones religiosas de su herencia cultural (las Fiestas de María y de los Santos), se convierten en puertas y caminos de diálogo con nuestros agentes pastorales, si éstos se abren ante la búsqueda de los otros y evocan el pensamiento de nuestra Iglesia con fidelidad y espíritu evangeliza-dor.[116]

Recordemos que una pastoral consciente y eficaz ante estos fenómenos religiosos en el Tercer Milenio, necesita tomar en cuenta, por lo tanto, los siguientes ingredientes: la dimensión cultural de las asambleas que constituyen nuestra sociedad, y dentro de la misma su dimensión simbólico-religiosa; la dimensión histórica que nos coloca en el marco del tiempo y del espacio en que muchos de estos movi-mientos religiosos nacieron y se han fomentado; la Palabra de Dios y las enseñanzas de la Iglesia que mantienen viva nuestra fe; la metodo-logía de nuestra propia Iglesia que en la catequesis, la liturgia y el testimonio vivencial de los cristianos refleja la mejor síntesis de su amor a Jesucristo —el Señor de la historia— y al prójimo; y el análisis de la religiosidad o Piedad Popular, ingrediente indispensable entre los católicos 'no prácticos', cuya permanencia en nuestro pueblo parece satisfacer muchas de las necesidades que los movimientos religiosos

---

[116] *«...Esto implica en la práctica, reanudar un diálogo pedagógico, a partir de los últimos eslabones que los evangelizadores de antaño dejaron en el corazón de nuestro pueblo. Para ello se requiere conocer los símbolos, el lenguaje silencioso, no verbal, del pueblo, con el fin de lograr, en un diálogo vital, comunicar la Buena Nueva mediante un proceso de reinformación catequética...» Puebla, III Conferencia General del Episcopado Latinoamericano.* Bogotá, Colombia: CELAM, 1979, párrafo 457.

descritos en los capítulos anteriores pretenden llenar. Abordemos algunos de estos ingredientes en las páginas siguientes.

¿Qué nos enseñan la Palabra de Dios y la Iglesia?

Jesucristo es, por excelencia, la revelación de Dios a toda la humanidad. Celebramos este misterio cuando rezamos el Credo «...engendrado, no creado, de la misma naturaleza del Padre, que...por obra del Espíritu Santo se encarnó de María, la Virgen, y se hizo hombre...» En el Credo recordamos también lo que Jesucristo hizo por nosotros, «...fue crucificado, muerto y sepultado y al tercer día resucitó de entre los muertos, subió a los cielos y está sentado a la derecha del Padre, y desde ahí vendrá a juzgar a los vivos y a los muertos...» Hijo de Dios, Jesús es el Unico Mediador, el Camino, la Verdad y la Vida (*Juan* 14:6).

En las Sagradas Escrituras, sobre todo en el Evangelio, descubrimos otras imágenes que el mismo Jesús utilizó, casi siempre en sus parábolas, para referirse a Dios. Y, como todo lo que sabemos del Padre lo sabemos por Jesucristo, por El descubrimos que para Sus hijos adoptivos, Dios es el Buen Pastor (*Juan* 10:14), el Padre del hijo pródigo, la verdadera Vid (*Juan* 15), el Pan de Vida (*Juan* 6) y el Juez que separará las 'ovejas' de las 'cabras' —los justos y los condenados— (*Mateo* 25:31) en el Juicio Final. Como seres humanos, necesitamos estas imágenes para profundizar a través de ellas sobre el amor divino que nos ha rescatado en Jesucristo para acompañarnos hacia la verdadera felicidad. Jesús, Quien, desde la Cruz, tuvo tiempo para perdonar al buen ladrón, se muestra en los cuatro Evangelios como el Camino hacia un Dios que nos ha amado siempre, que nos ama intensamente ahora, y que nos amará por toda la eternidad, un Dios para Quien el amor no es transitorio, sino infinito.

En el evangelio de San Juan, la comunidad cristiana descubre de qué manera el Padre y el Hijo son uno y el mismo en el amor, «Y el Verbo, la Palabra, se hizo carne, y habitó entre nosotros...» (*Juan* 1:14). El evangelista lo recalca en varias ocasiones, «Créanme, yo estoy con el Padre y el Padre está conmigo...» (*Juan* 14:11).

Si en Jesucristo descubrimos la imagen del Padre y el amor del Espíritu Santo, la Iglesia debe ser para el mundo a través de la historia el retrato más perfecto de Jesús. Constituida por seres humanos y, por lo tanto, imperfectos, la Iglesia, el pueblo de Dios en marcha, es una comunidad peregrina que celebra su fe diariamente por medio de la oración y de la acción en nombre de Jesús, y que le brinda al más necesitado de los seres humanos —como hiciera Jesús— su máxima compasión.

La proclamación del Misterio Pascual, por lo tanto, ha sido siempre la misión primordial de la Iglesia. Por medio del anuncio de la muerte y la resurrección del Señor Jesús la comunidad de fe se regocija y celebra la presencia viva de Dios. Por la gracia de Dios y la fuerza del Espíritu, los cristianos peregrinan por el mundo cantando su fe, iniciando con alegría a nuevos miembros, reconociendo sus faltas y pecados, aceptando la reconciliación que sólo Dios puede ofrecer, comprometiendo sus vidas para formar un nuevo hogar o para asumir el liderazgo de la Iglesia, y señalando en la unción de los enfermos la salud que viene de Dios y el deseo de que se incorporen de nuevo a su peregrinación diaria. En palabras sencillas, la Iglesia continuamente exhorta a sus fieles a conducir sus vidas por el camino de la «santidad».

Desde los primeros tiempos de la Iglesia esta proclamación de la Palabra liberadora de Dios existió paralelamente a la celebración de la Cena del Señor y, eventualmente, de los sacramentos. Según el testimonio de los Apóstoles, los cristianos compartían «el mismo pan y la misma copa» (*I Corintios* 11:26) que los unían intensamente a pesar de sus diversos orígenes culturales, idiomas y razas. Sobre todo en esta celebración eucarística, la oración de acción de gracias, los cristianos llegaban a integrar sus experiencias vivenciales con la experiencia liberadora de Jesucristo, el Señor de la Vida; por eso vivían libremente en comunidad (*Hechos* 2:42). Esta doble celebración pública de la Palabra y del Banquete de Amor constituye para la Iglesia la Sagrada Liturgia.

Los cristianos están llamados a reflejar en sus experiencias cotidianas el evangelio de Jesucristo, de tal manera que otros puedan leer en su forma de vivir y en su trato con el prójimo la Buena Noticia que ni escuchan ni ven en la sociedad contemporánea (Romanos 10:14). Desde esta perspectiva, los cristianos, aunque arraigados a sus culturas, se convierten en un signo 'anticultural', ya que se comprometen con su testimonio de vida a transcender aquellos rasgos culturales que los separan de otros, tales como las divisiones socioeconómicas y políticas, la preferencia a la riqueza y al materialismo, las divisiones de clases y de razas, así como los prejuicios y los rencores. En Jesús no existen tales divisiones culturales. En Jesús descubren los cristianos a «un Señor, una fe, y un bautismo, un Dios y Padre de todos» (*Efesios* 4:5), el camino hacia la eternidad y hacia el prójimo, el camino de la reconciliación y el perdón, el camino de la paz y de la misericordia, el camino hacia los preferidos por el propio Señor, los pobres y afligidos de la historia.

Por eso, los mismos cristianos se convierten para el mundo contemporáneo en imágenes de Cristo, muerto y resucitado, y, al afrontar la muerte, no cesan de existir; mas bien, se trasforman para participar en la comunión de los Santos (*I Corintios* 15:51). Muertos para los asuntos del mundo, viven para Dios y, desde la eternidad, continúan intercediendo por los que les siguen en el signo de la fe, alentándoles en su peregrinar e inspirándoles a vivir vidas auténticas y en sintonía con el mensaje evangélico.

Para los cristianos, los que mueren en Jesús son 'santos' que se convierten en modelos de vida —imágenes— que reflejan el amor infinito de Dios. Aunque todos los que mueren en Jesús no mueren ni con la esperanza de ser reconocidos en público por la Iglesia ni con el deseo de formar un culto alrededor de su persona, algunos sí han sido señalados por la Iglesia de una manera especial, o bien por su forma de morir o bien porque han sido reconocidos por sus virtudes ejemplares. Esta veneración pública de algunos miembros de la Iglesia peregrina que duermen en el Señor no nos impide reconocer que todos estamos llamados a ser 'santos' desde nuestro propio nacimiento en la fe por el bautismo.

La vida de los santos, venerados públicamente o solamente reconocidos por los miembros de sus familias, constituyen un reflejo humano del amor incondicional de Dios. Indiscutiblemente, sus historias señalan la presencia de Dios en el mundo en una forma especial. Por ellas llegamos a conocer a hombres y mujeres extraordinarios que vivieron continuamente el Evangelio de Jesús y murieron fieles a Su mensaje. En el caso de aquellos que la Iglesia venera en los altares, más que los milagros que realizaron durante el transcurso de su vida o después de su muerte, ellos nos trasmitieron, por medio de sus historias, las características más importante de una vida santa en unión con Jesús y con Su Iglesia. Las historias de los Santos, en fin, se convierten para los cristianos de hoy y de siempre en el evangelio vivido que todos necesitamos imitar en el mundo contemporáneo, donde no existen muchos modelos ejemplares. Junto a las celebraciones de la Virgen María, las celebraciones universales y locales de los Santos constituyen el meollo de las devociones en las que se desenvuelve el tema de la Piedad Popular.

¿En qué consiste la Piedad Popular?

Aunque la palabra 'religión' no proviene técnicamente del verbo *'religo'* en latín, nos conviene relacionarla con *'religo'* por razones pedagógicas o didácticas; de hecho, la palabra *'religiosidad'* sí se deriva del propio término *religión*. El verbo *religo* describe la acción de anexar o vincular —en este caso— a Dios con los seres humanos; la palabra «*religiosidad*» —como ya se ha señalado en el primer capítulo— describe las expresiones de esta relación íntima entre Dios y nosotros. Dios, por amor, comenzó este nexo con nosotros, lo que en el Antiguo Testamento llamamos *Alianza*; y nosotros, desde la nueva creación que la Iglesia nos ofrece, le respondemos por nuestra fe, una fe transformada en servicio y acción apostólica (*Carta de Santiago 2:18*).

La religiosidad es propia de todos los pueblos, que, desde su rica experiencia cultural, despliegan con símbolos propios su amor a Dios, a Jesucristo, a la Virgen María, y a los Santos. Conocida por mucho tiempo como 'religión del pueblo', 'religiosidad popular', o 'catolicismo popular', Su Santidad, Pablo VI, la nombraría 'piedad popular' en 1974. La piedad popular de los pueblos, por consiguiente, constituye el conjunto de estas devociones y, a la vez, se establece como uno de los mejores instrumentos pastorales para el acercamiento del propio pueblo a Dios en una «pedagogía de la Evangelización».[117] A pesar de estas declaraciones de la Iglesia, nuestros agentes pastorales todavía no parecen vivir convencidos, o conscientes, de que la piedad popular es un regalo dinámico que Dios le ha concedido a la pastoral de la Iglesia en la historia.

Desde nuestra perspectiva de estudio y análisis por varias décadas de los fenómenos religiosos ya mencionados, podemos afirmar que la piedad popular puede llegar a ser un camino pastoral que satisfaga las necesidades religiosas de muchos católicos hispanos en los Estados Unidos que hoy en día, como antes, buscan a Dios y anhelan expresar su fe, pero no se sienten acogidos por algunos sectores de la Iglesia. Extranjeros a veces dentro de su propia comunidad bautismal, se dirigen hacia otros grupos en la misma búsqueda y creen encontrar seguridad espiritual y apoyo en la intimidad que proyectan las sectas, cultos y otros movimientos religiosos ya mencionados.

Por un lado, reflexionar sobre la 'piedad popular' o la 'religiosidad popular', expresión más utilizada por los obispos latinoamericanos, es reflexionar sobre la «cenicienta» de los temas teológico-pastorales de la Iglesia, ya que, para muchos, aparece como la hija legítima de un divorcio: el divorcio entre la expresión de fe vivida por la 'liturgia de la Iglesia', mayormente conservada a través de los siglos por la jerarquía eclesial y la vida monástica europea, y la expresión de fe que la 'liturgia del pueblo' utilizó cuando ni entendía ni sentía las celebraciones de aquella 'liturgia eclesial'.

Este divorcio, o división, de la espiritualidad evangelizadora de la Iglesia data de fines del siglo V y, más palpablemente, desde los siglos VIII y IX, es decir, desde la temprana Edad Media. Casi paralela a la liturgia oficial en latín que se celebraba dentro del templo, fuera de la

---

[117] *Ibid.*, párrafo 458. Aquí Puebla cita el párrafo más conciso y más claro sobre este tema que diera pie a documentos eclesiales posteriores, el párrafo 48 de *Evangelii Nuntiandi, Exhortación Apostólica sobre la Evangelización en el Mundo Contemporáneo* del Papa Pablo VI.

Catedral o Iglesia Mayor, en las plazas, el pueblo celebraba los misterios de Jesús y de la Virgen «a su manera», a veces dramatizándolos, a veces cantando en la vernácula o recitando poemas, y a veces confeccionando su propia 'liturgia' o 'método' celebrativo que ha perdurado a través de los años (por ejemplo, el Via Crucis en Cuaresma y Semana Santa, el Rosario en las Fiestas de María, las Pastorelas, las Posadas y los Aguinaldos en la Navidad, la Cruz de Mayo). Algunas de esas celebraciones, como las ya mencionadas, han sido incorporadas a los tiempos litúrgicos y otras no.

Por otro lado, las reformas litúrgicas realizadas después del Concilio Vaticano II siguen llegando a los fieles del mundo entero gracias al entusiasmo renovador que tanto los obispos como los clérigos y los laicos ejercen en un espíritu nuevo de colaboración ministerial. En muchos sitios, y después de una adecuada reflexión pastoral por los equipos diocesanos o parroquiales de liturgia, se hacen esfuerzos por integrar de nuevo las vivencias culturales de la comunidad de fe local en la experiencia salvífica del Señor en su expresión litúrgica por excelencia. A través de este proceso de integración, y como resultado de la propia reforma litúrgica, se ha palpado un interés y un compromiso profundos por las devociones populares que, aunque aparentemente abandonadas por el clero al comienzo de la reforma, siempre han constituido un elemento esencial en la espiritualidad del pueblo, y en particular del pueblo hispano. El interés por la reforma, por la necesidad constante de catequizar a los fieles a través de celebraciones domésticas y comunitarias, se vislumbra, por ejemplo, en el proceso sufrido por el Calendario Romano y el re-descubrimiento del verdadero papel de los Santos en las devociones del pueblo.

El Martirologio (Martyrologium) o Libro de los Mártires se convirtió para los cristianos de los primeros siglos en la primera compilación de vidas ejemplares que reflejaron un compromiso con Jesús, el Señor, por su aceptación voluntaria de una muerte horrible en Su nombre. Más adelante, este texto se transformó en el Calendario Romano, el cual, a través de la liturgia de la Iglesia, se hizo eco de la esperanza de cuantos lucharon en tierras de persecución por la proclamación de su fe y que testimoniaron la fuerza de Dios en medio de la debilidad humana.

A través de la historia de la Iglesia, el Calendario Romano ha sufrido muchos cambios, originados principalmente en la necesidad de la Iglesia de un mayor enfoque en los misterios del Señor y de la Santísima Virgen y en el crecimiento natural de la veneración a los Santos, que reclamaba la atención tanto de la comunidad eclesial universal como de la comunidad eclesial local.

La reforma más reciente del Calendario Romano, consecuencia de la reforma litúrgica del Concilio Vaticano II, ordenada por su «Constitución sobre la Sagrada Liturgia» del 4 de diciembre de 1962, contribuyó a que se hicieran ciertos cambios basados —entre otros— en los siguientes criterios:

1) recuperar el domingo como el Día del Señor al eliminar de la liturgia dominical aquellas celebraciones añadidas a través de los siglos y que no reflejaban la práctica original de la Iglesia de proporcionar a los fieles la oportunidad de profundizar en los misterios del Señor Resucitado; y
2) celebrar las memorias y las fiestas de los Santos al usar desde ese momento el día de su muerte como la fecha señalada en el calendario litúrgico para que los fieles los recuerden y no el de su cumpleaños, como se había acostumbrado anteriormente.

No obstante esto, si la vida de los santos creció primero en la memoria de una comunidad de la Iglesia que trasmitió sus historias por tradición oral antes de que se convirtieran en objeto de celebraciones oficiales, sus memorias continúan vibrando en el corazón de los fieles que siguen recordándolas de una manera muy especial. Grabadas magistralmente por los símbolos que decoran sus imágenes tan conocidas por sus devotos, las historias de los santos les continúan recordando a los fieles que el compromiso bautismal de cada cristiano se debe probar con hechos que comienzan casi desde el mismo día de su bautismo.

☺

Llegamos a tiempo al pueblo de Orvietto, no muy lejos de Roma, en este glorioso domingo de junio en que se celebra la solemnidad del «Corpus Christi». Miles de personas ya estaban en sus sitios, frente a la Catedral y en calles anexas, admirando los diversos vestuarios medievales que distinguen a los que, representando a las familias más antiguas del pueblo, se preparaban para celebrar la procesión tradicional que año tras año convoca a una gran muchedumbre de devotos. Fuera de la Catedral, la gente aglomerada esperaba ansiosa que la Sagrada Liturgia dentro del templo concluyera. Por fin se abrieron las puertas de bronce y con mucho orden comenzó la gran procesión por las calles de este pueblo. Con ella también comenzó una nueva liturgia, la liturgia sagrada que en cada día del «Corpus» se lleva a cabo en Orvietto, con esa gran muchedumbre.

Al final de los muchos grupos que formaban el cortejo de colores y guirnaldas apareció el canopeo, debajo del cual el que presidía caminaba cargando una custodia de oro con el Santísimo Sacramento. Debajo de la lunetta que encierra la hostia consagrada se podía vislumbrar, como en un cuadro, una pieza de tela, una reliquia: el corporal manchado de sangre que desde la Edad Media era motivo de veneración para muchos. Al pasar junto a mí la Custodia con el Corporal debajo, y al observar a la gente más cercana a donde me encontraba, me pregunté si estos devotos venían a Orvietto para adorar a Jesús Sacramentado o para ver el corporal milagroso. Entonces recordé que el corporal tiene una historia que se había transmitido a través de los siglos con esa fuerza implacable que sólo la piedad popular contiene y que, a veces, supera al impacto de la catequesis de nuestras parroquias.[118]

---

[118] La historia completa aparece en Traval y Rose, P. Manuel. *Milagros Eucarísti-*
(continúa...)

Era el año 1263 de la era cristiana, durante el Pontificado de Urbano IV, quien visitó a Orvietto con su séquito. Un sacerdote alemán, cuenta la historia, peregrinaba a Roma para recuperar el sentido de su fe y de su ministerio, ya que le acechaban muchas dudas. Se detuvo en Bolsena para celebrar la Eucaristía en la Iglesia de Santa Cristina y allí notó, en la elevación de la hostia que ésta se convirtió en carne humana y que de ella se desprendían gotas de sangre que mancharon el corporal que cubría el altar. A urgencia del Santo Padre se trasladó el corporal a la Catedral de Orvietto, donde ha permanecido desde entonces. Ante este milagro eucarístico, Urbano IV decretó en 1264 la fiesta del Corpus Christi para la Iglesia universal. Algunos escritores mantienen que el fenómeno de Bolsena, ahora en Orvietto, sirvió de inspiración a un joven teólogo, llamado Tomás de Aquino, quien escribiera para la humanidad uno de los poemas más hermosos sobre la Eucaristía, «Pange Lingua Gloriosi...»

La historia, la celebración, la liturgia —oficial y no oficial— un conjunto de expresiones religiosas que forman un mosaico único y dramático entre los católicos, popular y a la vez universal, festivo y a la vez contemplativo. La mitología y el ritual arraigándose en el subconsciente colectivo de los pueblos que se sienten en sintonía con las fibras de su experiencia humana y viven buscando a un Dios que se manifieste en un ámbito sagrado reconocido por ellos. La mitología y el ritual conjuntamente funcionando para que el tiempo y el espacio se suspendan, para que las estructuras cesen por el momento, y el mismo Dios pueda tocar el corazón humano en un momento de crisis general: la crisis histórica del Papa que vivía sometido a diversas persecuciones, la de un sacerdote alemán, que vivía perseguido por su propia falta de fe, y la de un pueblo pequeño que, en esta temprana Edad Media, posiblemente buscaba con esperanza un motivo para

---

(...continuacion)
cos. Quito, Ecuador: Librería Espiritual, 1989.

vencer su miseria y superar las opresiones sociales del sistema feudal de la época. La mitología y el ritual arraigándose en la tradición cultural de una comunidad de fe que, por medio de la celebración anual de estos misterios, anhela transmitirles a otras comunidades la fuente de esperanza que su mensaje encierra.

Esta relación entre la piedad popular y la liturgia de la Iglesia constituye, por lo tanto, no un divorcio histórico, sino un nuevo camino de evangelización. La experiencia de *Orvietto* representa un modelo, entre miles, de las experiencias culturales religiosas que los pueblos del Mediterráneo relatan. De hecho, muchos de los hispanos de los Estados Unidos atestiguan que sus experiencias religiosas han surgido de algún «milagro», alguna «conversión», una cierta «revelación privada», o, simplemente, alguna historia transmitida por los ancianos de su familia que ha permanecido latente entre todos. Los agentes pastorales debemos escuchar estas experiencias que de por sí representan una etapa en el desarrollo de fe de nuestros hispanos, quienes nos las relatan muchas veces para buscar orientación, profundización en la fe, y formas de acercarse más a Jesucristo. Nosotros, desafortunadamente, a veces no tenemos tiempo para escuchar estos relatos que, de primera impresión rechazamos como productos de la 'locura' o el 'fanatismo religioso'. Si nosotros no les escuchamos, se irán a aquellos que lo harán con más tiempo y que, a veces, les conducirán por un camino religioso distinto y confuso.

Es importante reconocer que esta relación entre la liturgia y la piedad popular constituye uno de los misterios más evidentes en la pastoral eclesial contemporánea. Su ambigüedad parece descansar no tanto en la simbología que los pueblos utilizan para manifestar sus expresiones religiosas, y que la Iglesia también utiliza en sus celebra-ciones litúrgicas, sino en su origen y permanencia entre los pueblos a través de los tiempos.

Antes de analizar la «ambigüedad» de esta relación en los siguientes párrafos, nos debemos preguntar: *¿Puede la piedad popular de nuestros pueblos mostrar un camino enriquecedor y constructivo a los teólogos, liturgistas y catequistas que conservan con fidelidad el patrimonio espiritual de la Iglesia?* La Iglesia que siempre estuvo en sintonía con Sus fieles por medio del *sensus fidelium* nos permite comenzar a responder dicha pregunta en lo afirmativo. Por otro lado, me atrevo a sospechar que en la medida en que los liturgistas escuchan con más atención los ritmos culturales que acompañan las celebraciones populares, más encuentran sentido en la herencia litúrgica de la Iglesia que con tanta fidelidad conservan y se proponen transmitir a las generaciones futuras. Jesús transformó con palabras sencillas y signos populares el corazón de los que le siguieron. La Iglesia, que está llamada a ser por excelencia el «signo» de Jesús en la historia, necesita llevar a cabo esa transformación, comprendiendo la experiencia religiosa de sus fieles y enriqueciéndola con lo mejor de su tradición cúltica.

Analicemos la 'piedad popular', por lo tanto, siempre vislumbrando su instrumentalidad en la pastoral de la Iglesia desde una perspectiva triple: a) muy cerca de la espiritualidad litúrgica, y no tan lejos como algunos piensan, b) como la expresión más evidente y 'duradera' de la espiritualidad y de las devociones de los pueblos hispanos, y, c) como un camino de acción evangelizadora que impulsa a los fieles a luchar por la justicia y la paz de todos, especialmente de los más marginados entre sus miembros. Hacia este nuevo enfoque se dirigen los esfuerzos pastorales actuales que consideran la piedad popular como un camino de evangelización y no simplemente como un complejo de devociones que hay que tolerar «porque no hay más remedio». Precisamente en su naturaleza y en su desarrollo se descubre la intención de los Padres del Concilio cuando propusieron la reforma de los ejercicios de piedad del pueblo junto con la reforma de la liturgia.[119]

---

[119] «Constitución Sobre la Sagrada Liturgia (*Sacrosanctum Concilium*)». *Documentos Completos del Vaticano II*, párrafo 13.

Los signos de la piedad popular contienen una fuerza propia
que convoca muchedumbres.
Fiesta de Nuestra Señora de la Caridad, Marine Stadium, Miami.

Piedad Popular y Piedad Litúrgica: Separación o Cercanía

La tensión acerca de estos ingredientes de la pastoral de la Iglesia parece haber surgido después que la propia Iglesia creció con el Edicto de Constantino (A.D. 313) que no sólo suprimió la persecución de los Cristianos, sino que provocó la Cristianización del mundo conocido.

Algunos escritores proponen que la mistagogia, o profundización de la fe, no era substancial para los neófitos (nuevos iniciados en la fe) en aquellas áreas donde la Iglesia creció rápidamente. Otros proponen que la ausencia de una catequesis profunda, después de la Iniciación, llevó a algunos de los neófitos a mantener algunas de sus prácticas no-

Cristianas que habían formado parte de su vida antes de su entrada en la Iglesia.

Aún así, otros mantienen que ni las familias litúrgicas del Oriente ni las de Occidente llegaron a distinguir por muchos siglos aquellos elementos que eran de naturaleza o uso «oficial/magisterial» de aquellos que eran más bien «popular», y que había un intercambio saludable entre ambos en el área litúrgica. De todas formas, este período pre-medieval fue testigo de las tensiones y de la ruptura entre las Iglesias del Oriente y las de Occidente, fielmente captadas por las discusiones teológicas del Concilio de Calcedonia de 451 y encontrando su cumbre en el siglo VIII cuando el Emperador Bizantino quiso imponer una política *iconoclástica* (la desaparición de todas la imágenes de los templos). La Iglesia no sólo resistió al Emperador en sus esfuerzos, sino también optó por elaborar una nueva iconografía, un nuevo despliegue de arte religioso que fuese atractivo en su belleza estética y, a la vez, didáctico y pedagógico. En los mosaicos y pinturas de la época, el pueblo aprendía la doctrina y crecía en la fe, ya que existía una relación complementaria entre la Palabra revelada y la imagen sagrada, como lo atestigua el defensor de los íconos, San Juan Damasceno: «Lo que la palabra lleva al oído, la imagen lo lleva a los ojos y lo muestra haciéndolo accesible a la naturaleza humana.»[120]

No hace falta permanecer en el siglo VIII para comprobar una actitud que también hemos presenciado en nuestra vida contemporánea. La actitud iconoclasta resurgió por un tiempo con las reformas del Vaticano II que clamaban por la sencillez y la simplificación de los elementos que se encontraban en los santuarios, pero que algunos clérigos interpretaron como la abolición de todo un mundo de imágenes, cuadros religiosos, devociones, novenas, y otras oraciones añadidas al culto a través de los años. El Concilio pedía la 'reforma'

---

[120] Esta concepción oriental de la imagen ha predominado entre nuestros católicos hispanos de una manera singular. Para más información sobre el papel de la imagen en la iconografía cristiana, lea Castellano, Jesús. *Orar con los Iconos*. Barcelona: *Phase*, 193, 1993, pp. 35-42.

de los ejercicios de piedad, no su abolición o rechazo completo.[121] Por otro lado, incluso después de la llamada del Concilio a la reforma, todavía encontramos en muchas iglesias una acumulación innecesaria de sillas, imágenes, reclinatorios, y otros símbolos cerca y, a veces, encima del altar, que junto con la falta de coordinación de colores, hace eco no tanto del sentido de lo 'sagrado', sino del sentido de lo 'mediocre'.

La Reforma Medieval del Papa León IX, y al comienzo del siglo XI la de Gregorio VII, aparentemente liberaron a la Iglesia de la influencia que los emperadores, príncipes y figuras políticas ejercieron sobre la liturgia Romana y la establecieron como una sociedad espiritual constituida con derechos jurídicos o legales y con plena autonomía. Muchos aseguran en que este movimiento hacia la centralización de la Iglesia, reflejada por supuesto en su espiritualidad y en su liturgia, ahora conservada por los monjes y supervisada casi exclusivamente por la jerarquía, dio lugar al nacimiento de formas expresivas paralelas, en las que la fe encontraba su máxima expresión en la cultura de los pueblos; de ahí, la *religiosidad* o *piedad popular.* Durante este período evolucionaron muchas devociones arraigadas en la humanidad de Cristo, quizás como resultado de las muchas historias apócrifas sobre Su nacimiento y Su pasión que se extendían por el mundo de aquella época. Estas devociones daban más énfasis a los 'sentimientos' y a la 'afectividad' que a los textos y gestos propuestos por la liturgia oficial de la Iglesia. Esta, a su vez, se celebraba en latín, y a pesar de la belleza propia del Canto Gregoriano, parece haberse separado del *sensus fidelium,* del 'sentir del pueblo', y se convirtió en patrimonio exclusivo de monjes y clérigos.

La herencia hispánica en América tiene sus raíces en la evangelización de los misioneros que, ya antes de que el influjo del Concilio de Trento llegase a estas tierras, adaptaban los Misales y Rituales Medievales a las necesidades pastorales que descubrían. En algunos sitios, motivados por una espiritualidad apocalíptica de finales de siglo

---

[121] Aparecen como la frase *«pia exercitia»* en el párrafo ya citado de la Constitución.

(desde 1492 en adelante), los misioneros franciscanos utilizaban la Cruz, la Virgen y la gran fiesta del *Corpus Christi* para anunciar una nueva era en la que los indígenas estaban llamados a la salvación. A ellos se unieron dominicos, mercedarios y jesuitas, entre otros grupos de misioneros, que proclamaban el Reino de Dios por medio del desarrollo humano y la construcción del Reino de Dios en una nueva tierra.

A medida que el Sol y la Luna fueron sustituidos por el Cristo Resucitado y Su Pura e Inmaculada Madre, a medida que los templos diseñados para la adoración de las divinidades ancestrales se transformaron en las nuevas Iglesias y Basílicas de la Cristiandad, también se dio a conocer el testimonio de nuevos Santos Americanos que encarnaban en sus vidas comprometidas el Evangelio predicado por los propios misioneros.[122] Incluso, cuando las exigencias provocadas por la Reforma Católica, nacida del Concilio de Trento, los nuevos cristianos expresaban su fe en Jesús y en María con símbolos que surgían de su propia cultura y en tiempos y espacios especiales: *la Cruz de Mayo, los aguinaldos y pastorelas, las procesiones, el culto a los Santos y a sus reliquias, las imágenes y las velas.* Según ciertos expertos en la materia, los ritos litúrgicos medievales y pre-Tridentinos se convirtieron en la base para la religiosidad popular post-Tridentina, cuando la Iglesia —ante la reacción de la Reforma de Lutero, Calvino y otros líderes religiosos de la época— tuvo necesidad de definirse y de presentar una nueva orientación y una nueva base para el mundo y para la historia.[123]

---

[122] Solamente en Lima el testimonio de Santa Rosa, San Martín de Porres, San Juan Macías, y el incomparable obispo Santo Toribio de Mogrovejo constituye un conjunto de vidas ejemplares que forjaron una espiritualidad profunda entre sus contemporáneos.

[123] Entre otros textos se recomienda la lectura de la tesis doctoral del Padre Jaime Lara. *Urbs Beata Hierusalem Americana: Stational Liturgy and Eschatological Architecture in Sixteenth Century Mexico.* Berkeley, Graduate Theological Union and the University of California, 1995, al igual que, entre otros artículos, Guarda, Gabriel. «La Liturgia, Una de las Claves del 'Barroco Americano'». *El Barroco en*

(continúa...)

La liturgia y la religiosidad popular, desde este breve panorama histórico, en vez de aparecer distantes la una de la otra como el aceite del vinagre, se convierten, en realidad, como en dos caras de una misma moneda. En las manos de nuestros agentes pastorales no son sólo instrumentos de evangelización en la actualidad, sino fuentes de una espiritualidad que coloca a sus devotos en contacto con el corazón de la experiencia comunitaria y con el tesoro de la tradición de la Iglesia. Particularmente entre los católicos hispanos, la liturgia y la religiosidad popular deben ser, más que formas diferentes de un mismo culto a Dios, estilos complementarios de oración.

Para este primer paso de nuestro análisis, por lo tanto, podemos afirmar que hay más cercanía que lejanía entre la liturgia oficial de la Iglesia y la religiosidad popular de nuestros pueblos, particularmente después de las reformas del Concilio Vaticano II, que, semejantes a las liturgias pre-Tridentinas, proveen en sus propios criterios una gran flexibilidad pastoral (con la presentación, por ejemplo, de opciones diversas para la celebración de un mismo ritual) y una gran sensibilidad a la participación integral de la asamblea (las voces en el canto, el movimiento en los ritos, la diversidad de textos, etc.). La liturgia y la religiosidad popular constituyen en el culto de nuestros católicos hispanos un lenguaje propio y enriquecedor, abierto al crecimiento y a la creatividad, un matrimonio y no un divorcio, hermanas en la pastoral y no disciplinas en competencia la una con la otra, a no ser que sean ignoradas por aquellos que deben fomentarlas con más cuidado y con más responsabilidad.

Estas dos ramas esenciales de la pastoral contemporánea han sido objeto de bastante reflexión teológica en las últimas décadas, como resultado del impulso que los obispos latinoamericanos le dieran primero en los documentos de *Medellín* en 1968 y después en la reflexión de *Puebla* en 1979. Ya Pablo VI desde 1974 tanto en *Marialis Cultus* como en *Evangelii Nuntiandi* había explorado el tema para la Iglesia universal. América Latina, vislumbrando una era de

(...continuacion)
Hispanoamérica, Santiago de Chile, Universidad Católica, 1981.

secularismo y apatía religiosa, descubrió en la religiosidad popular de sus pueblos un camino a la nueva evangelización. A pesar de la reflexiones continuas de Juan Pablo II sobre este tema y el de la *inculturación*, a pesar de los escritos de muchos liturgistas, pastoralistas y teólogos, la relación de estas dos ramas es ignorada por muchos otros líderes eclesiales y por muchos agentes pastorales. Para el pueblo, el tema es de suma importancia y, sin la debida y adecuada atención por parte de todos los que nos hemos comprometido con la Iglesia, se presta a desviaciones espirituales a las que nuestra apatía misma puede contribuir.

Piedad Popular y Piedad Litúrgica: Espiritualidad Transmitida y Permanente

Es innegable que ciertas ciencias, tales como la antropología, la sociología y la psicología, pueden asistir a la teología en su esfuerzo continuo de reinterpretar la relación existente entre la Liturgia y la Piedad Popular para nuestro mundo contemporáneo.

Cuando nos preguntamos por qué ha permanecido dicha relación a través del tiempo y del espacio, surgen tres posibles respuestas. Para comprender estas respuestas, necesitamos comprender también la realidad de la *persona religiosa (homo religiosus)* en toda su complejidad. En términos sencillos, la persona religiosa parece moverse bajo la influencia de tres necesidades propias de todos los seres humanos:

En primer lugar, la **Necesidad de Salvación**. Más que nunca —y también se ha mencionado al final del primer capítulo— en la actualidad se percibe un hambre por la espiritualidad y por una nueva explicación al sentido de nuestra vida. Los católicos hispanos se encuentran hoy en día más que nunca ante el umbral de una nueva vida que les provee seguridad material pero que, aparentemente, carece de todo componente espiritual. Cuando emigran de sus países de origen, nuestros hispanos parecen dejar a un lado —quizás temporalmente— aquellos elementos de su herencia cultural que sí proveen *mitos* y *símbolos* que les ayudan a encarar cualquier crisis familiar o comunitaria, porque los ponen en contacto con su identidad y les brinda la seguridad. Algunos de estos grupos culturales hispanos se han visto forzados en el pasado a abandonar sus expresiones culturales y religiosas bajo la presión de 'asimilación' que la cultura dominante les ha exigido a otros grupos de inmigrantes. Aunque estas presiones han disminuido, por lo general, algunos hispanos se han comprometido más con el materialismo de la nueva sociedad en la que tratan de sobrevivir, que con el mantenimiento necesario de sus tradiciones culturales, donde residen en realidad los elementos intangibles de supervivencia que todos necesitan.

Esta situación, bien común en los centros urbanos de los Estados Unidos, provoca resultados desastrosos: la desintegración de la persona y de la vida familiar, la frialdad en las prácticas religiosas, sobre todo en la iglesia, y la falta de transmisión de valores culturales a las generaciones más jóvenes. De hecho, en momentos de crisis personal o familiar, esta misma desintegración clama por armonía e integración. ¿Dónde las han de encontrar nuestras familias católicas hispanas? ¿En la Iglesia de su bautismo, o en otros movimientos religiosos que anuncian la salvación como un proceso inmediato, y no como una jornada de crecimiento espiritual y de santificación?

«...todas las religiones, cualquiera que sea la forma en que expliquen su relación con este mundo, presentan la salvación a la que aspiran como unión con Dios, es decir, con la realidad totalmente otra en relación con las realidades mundanas, o como el paso a una forma de ser o de vida diferente e inconmensurable con la vida sobre la tierra...»[124]

En segundo lugar, **inclinación de la persona religiosa a lo Sagrado**. Lo 'Sagrado' no se encuentra en la dimensión institucional de la vida y, de por sí, no se puede institucionalizar. Cualquier institución debe apoyar el descubrimiento de lo Sagrado en todos los seres humanos. Lo Sagrado se manifiesta ante el ser humano cuando el mismo se abre a esta presencia.

---

[124] Velasco, J. Martín. *Introducción a la Fenomenología de la Religión*. Madrid: Ediciones Cristiandad, 1978, p. 150.

Todos los pueblos desarrollan sus propias expresiones religiosas que forman parte de su patrimonio cultural y que constituyen un marco de referencia singular durante sus épocas históricas más críticas. Los seres humanos experimentan sus experiencias religiosas en el contexto de estas expresiones. La persona religiosa experimenta, por su encuentro con lo Sagrado, una gran proximidad a la naturaleza, casi perdida en nuestra sociedad industrial. Ante la presencia de lo Sagrado, la persona religiosa se convierte en un protagonista del culto a Dios, y no solamente en un espectador. Afectada por cualquier crisis personal o comunitaria, la persona religiosa busca en lo Sagrado, revelado como Misterio a través de la experiencia religiosa, la solución de la crisis y la salud ante la desintegración que aquélla ha causado al ritmo de su vida ordinaria. Ante lo Sagrado desaparecen las categorías de vida institucional o social que caracterizan a los seres humanos, tales como la raza, la edad, la denominación religiosa o su condición socioeconómica. Todos, por igual, se abren a la presencia de lo Sagrado para unirse a El.

Al igual que los grupos tribales suspendían sus labores cotidianas y designaban tiempo y espacio como una etapa *marginal* o *liminal*[125] para ponerse en contacto con la fuerza colectiva de sus raíces cultura-les y religiosas, transmitidas por sus antepasados, nuestros católicos hispanos hoy en día buscan los medios para alejarse de una sociedad ruidosa y agobiante y poder así escuchar el 'rumor de los ángeles', el suspiro de Dios y la seguridad de sus vidas en una condición de peregrinaje continuo lejos de sus países de origen. Reconocen en lo Sagrado la Realidad Suprema y Absoluta sin la Cual no pueden sobrevivir y a la que deben dirigir sus pasos. En la medida que sus ancianos les enseñan a descubrir lo Sagrado en lo más íntimo de su ser, se pueden descubrir a sí mismos y relacionarse con los demás en una manera positiva y beneficiosa para la sociedad.

---

[125] Esta etapa 'liminal' o 'marginal' ha sido propuesta y explorada magistralmente por el antropológico simbólico Victor Turner en sus libros, entre otros, *The Ritual Process* (1969), *Drama Fields and Metaphors* (1974), e *Image and Pilgrimage in Christian Culture* (1978), editado y publicado con la colaboración de su esposa Edith.

En tercer lugar, la **dimensión cultural o ritual como experiencia transformadora y liberadora**. A medida que los componentes institucionales, la lógica y la disciplina extenuante se convierten en una de las causas de presión y de dolor para los católicos hispanos al nivel 'no racional',[126] comienza también la búsqueda por la liberación y por la paz personal y familiar que todos anhelamos. Asediados por las dificultades de la existencia humana y sin nadie que les indique alivio o solución para sus crisis, los católicos hispanos descubren en sus rituales religiosos el don de Dios como Presencia y el tiempo y el espacio para 'relajar' sus presiones y tensiones.

Los rituales o ritos religiosos liberan a nuestros católicos hispanos de todo lo que los ata a la sociedad compleja en que residen, y les permiten reorientar su visión o percepción de Dios y de la humanidad por el uso durante el ritual de sus símbolos culturales, que de por sí siempre han ayudado a mediar la presencia de Dios como parte de las expresiones colectivas del grupo. Los ritos religiosos les permiten utilizar un lenguaje distinto al que utilizan en la sociedad: en vez del lenguaje de la economía o la tecnología, el lenguaje de la fe que todos comprenden porque lo han escuchado desde niños. En los rituales religiosos la cultura y la fe se unen de una manera especial por medio de los símbolos y asumen una dimensión específica que aquellos que participan del culto experimentan.

Los católicos hispanos de los Estados Unidos sufren de tensiones continuas que requieren la atención de todos los agentes pastorales de la Iglesia del país. Aunque en estas páginas reflexionamos sobre la relación que existe para ellos entre la Liturgia y la Religiosidad Popular, hay otros temas de suma importancia y más amplios que necesitamos atender: es necesario que todos sigamos reflexionando juntos sobre la relación que existe entre la Fe y la Cultura que exige una re-interpretación de nuestros esfuerzos pastorales que parta de las necesidades de las asambleas y no de nuestras necesidades como agentes pastorales; en segundo lugar, es necesario que, como líderes de la cultura católica, establezcamos un diálogo respetuoso con

---

[126] Prefiero utilizar esta expresión a la de *'irracional'*, utilizada por otros autores.

aquellos representantes de las culturas no-cristianas —algunos herederos del patrimonio indígena y otros del africano— que aún prevalecen en la sociedad y que, aparentemente, influyen en la religiosidad de nuestros católicos hispanos.

Aunque aún estemos «en pañales» para alcanzar estas metas, propongo de nuevo que tanto la Liturgia como la Religiosidad Popular, en vez de coexistir como elementos distintos de una misma visión pastoral, se han convertido para nuestros católicos hispanos en un propio lenguaje de fe y un estilo de oración peculiar, y pueden convertirse para nosotros en los instrumentos por los cuales podemos re-interpretar las historias y los símbolos que constituyen la visión cósmica de los hispanos en los Estados Unidos. En esencia, esta proposición pretende motivar a nuestros agentes pastorales a que examinen y utilicen más estos instrumentos pastorales para lograr alcanzar un inculturación saludable del Evangelio y la nueva evangelización que tanto necesitamos en esta «cultura de la muerte».

Piedad Popular: De la Oración a la Acción

La renovación pastoral propuesta por el Concilio Vaticano II debe, en principio, provocar un deseo de actuar por el bien común de la humanidad. La espiritualidad de los católicos los debe mover a la acción pastoral y caritativa, especialmente entre los más necesitados y pobres del mundo en que vivimos. Para lograr que las asambleas comprendan el mandato de Jesús de hacer nuevos discípulos y de anunciar su Reino (*Mateo 28:19),* los agentes pastorales deben mantener un equilibrio continuo entre dos elementos esenciales de la reforma del Concilio que exigen mucha atención: *la Tradición* y *la Creatividad.*

Cuando los agentes pastorales se refieren a la 'tradición' nadie debe intuir un concepto 'arcaico', 'anticuado' u 'obsoleto'. La tradición es dinámica y, por su naturaleza, contiene el corazón de la fe de un pueblo. Entre los católicos hispanos, la Religiosidad Popular, más que la propia Liturgia, ha encarnado lo 'mejor' de la tradición de la Iglesia en los últimos quinientos años. La tradición, no obstante, presenta algunas limitaciones, entre las cuales podemos notar la resistencia a la reforma o al cambio ante el transcurso del tiempo. Solamente la paciencia de agentes pastorales que comprendan este término puede lograr la apertura de las asambleas a nuevas formas de expresión.

Por otro lado, la creatividad no implica 'anarquía', 'relativismo' o 'individualismo'. La creatividad[127] se basa en una apreciación saludable del criterio de 'diversidad' que tanto ha ayudado a antropólogos y teólogos en las últimas décadas. Los agentes pastorales que utilizan los mejores elementos de la tradición y reflexionan y buscan aquellos medios contemporáneos por los cuales se pueda expresar con más claridad, asisten a la Iglesia en sus esfuerzos universales de evangelización y ayudan a que la espiritualidad de nuestros católicos hispanos se enriquezca y dé mejor fruto en la acción social.

Cuando al concluir el servicio litúrgico del Viernes Santo en inglés, la asamblea se dispone a acompañar al Jesús Nazareno fuera del templo para unirse a la asamblea hispana que camina acompañando la imagen de la Madre Dolorosa y a los jóvenes de la comunidad que llevan en sus hombros a San Juan Evangelista, el encuentro al pie de la Cruz adquiere un nuevo carácter. Dentro del marco tradicional de la procesión del Viernes Santo, la creatividad litúrgica y la popular logran que asambleas diversas se identifiquen con las imágenes veneradas por todos para unirse a los pies del Señor Crucificado y comprometerse a vivir integrados en una sociedad alienante y marginada. Aunque sea por un tiempo limitado, alrededor de la Religiosidad Popular y de la Liturgia del día logran estos grupos entender cuánto necesitan ser 'iglesia', testigos del Señor Resucitado, sin divisiones y sin distinciones, más bien como una familia que celebra su fe a través de sus símbolos.

Desde la perspectiva de la liturgia, el Misal Romano de Pablo VI contiene de por sí una serie de opciones abiertas a la adaptación de los ministros que ayudan a enriquecer la espiritualidad de la asamblea. La

---

[127] De hecho, la palabra 'creatividad' resume los criterios propuestos por los párrafos 37-40 de la Constitución de la Sagrada Liturgia (*Sacrosanctum Concilium*) como 'adaptación cultural'.

apertura a las moniciones, los textos preparados para las celebraciones, las antífonas que se prestan para el canto, y otras opciones apreciadas sirven para que el que preside utilice su creatividad en la celebración. Algunos de estos modelos aparecen en los Ritos Introductorios del Domingo de Pasión (Domingo de Ramos), la bendición de las velas en la Fiesta de la Presentación del Señor, la bendición del fuego en la Vigilia Pascual, y en el uso del Rito de Aspersión en la liturgia Eucarística. El nuevo *Bendicional* y la revisión de otros ritos, tales como el Rito del Matrimonio, indican una variedad de adaptaciones en las que el espacio de la asamblea, al igual que los textos y los gestos, expresan algunos de los elementos culturales propios de los que celebran. En resumen, la labor ha comenzado y debe continuar con mayor sensibilidad y con mayor intensidad de acuerdo con las intenciones de los Padres Conciliares.

La tradición y la creatividad, por lo tanto, deben permanecer en un diálogo continuo dentro del marco pastoral de las comunidades cristianas que están llamadas a vivir su fe y a nutrirse de la liturgia y de la Religiosidad Popular de sus miembros.

Resumen

Nuestro es el desafío y nuestro es el mandato que la Iglesia nos hace. Ante una cultura de muerte, caminando hacia el Tercer Milenio y llamados a recrear una civilización de amor, ¿estamos dispuestos a asumir con seriedad los elementos que la Liturgia Hispana y la Religiosidad Popular de los hispanos nos proveen?

Estas 'puertas' pastorales no nos van a abandonar; por el contrario, van a permanecer mientras prevalezcan y no se asimilen los elementos culturales de los hispanos. De la misma manera que no podemos abandonar la liturgia a sí misma por miedo a que se aleje de las asambleas para quienes fue elaborada, tampoco podemos ignorar la Religiosidad Popular, o simplemente tolerarla, ya que se puede prestar a manipulaciones mágicas o a desviaciones de la espiritualidad católica, perdiendo así su auténtica fuerza liberadora.

El análisis de este tema, realizado ya hace varios años desde la perspectiva México-Americana y Caribeña en este país, debe formar parte del programa de estudios de nuestros Seminarios y de nuestras Universidades y otros centros de aprendizaje. Nuestros futuros sacerdotes deben comprender cómo siente nuestro pueblo cuando se abre al Misterio de Dios en Jesucristo. Nuestros agentes pastorales deben aprender a no intelectualizar la Liturgia o la Religiosidad Popular para evitar que ésta se convierta en la 'Cenicienta' que aparece de vez en cuando en el Calendario Litúrgico y que hay que tolerar.

Todos, juntos, debemos escuchar atentamente la voz de la reforma litúrgica, expresada por la propia Constitución y por los documentos que le siguen. Si la reforma se basó en los cinco criterios de *participación*, redescubrimiento de la *Palabra de Dios*, el uso de la *vernácula* en los ritos, el *desarrollo de los ministerios* o servicios seglares, y la *adaptación cultural* como punto de partida para una futura inculturación, entonces debemos reconocer que en la Liturgia y la Religiosidad Popular de los católicos hispanos poseemos un tesoro espiritual casi desconocido por la mayoría de nuestros fieles. Este es el tesoro que debemos explorar y utilizar conjuntamente en nuestro culto.

Finalmente, debemos escuchar con atención la voz de los pueblos que servimos con amor y con entrega. En su necesidad, claman por una liturgia que les pueda armonizar su vida con la fe y les pueda liberar del pecado y del mal. En su alegría, quieren celebrar y compartir con el resto de la humanidad sus símbolos dominantes e instrumentales. En su esperanza, vislumbran que nosotros les conduciremos en la jornada del Tercer Milenio como peregrinos del amor de Cristo, no como mensajeros de la desesperación y de la muerte. ¿Estamos listos y dispuestos a caminar con ellos más allá de nuestro mundo exclusivo y estrecho para indicarles con orgullo cuántos valores, historias, ritos y símbolos ya encierran como 'intangibles' dentro su corazón cultural y poder, así, ayudarles a celebrar su fe católica sin necesidad de que se dirijan a otros movimientos religiosos en búsqueda de aceptación y de sentido? En las palabras de San Pablo:

«...Ustedes son mi carta, escrita en sus corazones, carta abierta
y leída por todo el mundo...no está escrita con tinta, sino con

Espíritu de Dios vivo, no en tablas de piedra, sino en tablas de carne, en el corazón...»

(*II Corintios* 3:2-3).

Muestra de fervor religioso en Miami

CONCLUSIÓN:
LA ACTITUD DE LA IGLESIA

Ciertamente, en cada uno de los capítulos anteriores aparecen algunas sugerencias pastorales sobre la forma en la que los cristianos deben afrontar esta proliferación de sectas, cultos y sincretismos en nuestra sociedad contemporánea. No obstante ello, quisiéramos presentar a continuación un resumen de las actitudes que prevalecen en nuestra Iglesia cuando sus agentes pastorales descubren estos movimientos religiosos en la gente. Esperamos que de esta mirada global surja la mejora actitud pastoral que promueva conjuntamente fidelidad al magisterio de la Iglesia y celo apostólico para cumplir con la misión que el Señor nos ha confiado.

Existe, en primer lugar, una actitud 'fundamentalista' que reacciona negativamente a todo lo que tenga que ver con 'sectas, cultos o sincretismos'. Para estos individuos —muchos de ellos católicos prácticos— todos estos 'movimientos religiosos' o son desviaciones diabólicas, o se constituyen como falsificaciones espirituales dignas de una condena total y de un rechazo inflexible por parte de todos, especialmente de la jerarquía. Son estos individuos, y a veces grupos de 'católicos', los que consideran cualquier práctica de meditación transcendental u 'oración centrada' entre cristianos como una desviación de la tradición eclesial o una filtración de elementos de la Nueva Era en la espiritualidad de la Iglesia. Desgraciadamente, dichos individuos o grupos ni saben distinguir las corrientes teológicas y pastorales que han formado parte de la historia de la Iglesia, ni conocen mucho sobre la espiritualidad sana de la Iglesia Oriental o la del siglo XVI en el Occidente cuando, por ejemplo, tanto la *Lectio Divina* como la *oración contemplativa* formaron parte de la vida de muchos santos, corriente que muchos maestros espirituales de este siglo —entre ellos Thoma Merton— han explorado para enriquecer la vida espiritual de nuestros tiempos mecanizados. Esta postura apologética, defensiva, y *anatema* es contraproducente en cualquier ambiente pastoral.

En segundo lugar, predomina una postura académica o intelectual que tolera y acepta estos movimientos religiosos como *paradigmas* únicos que expresan una forma propia de ver la realidad y que contienen una lógica interna en la que sus miembros encuentran no sólo seguridad psicológica ante sus crisis, sino diversos mecanismos de adaptación social para sobrellevarlas. Esta postura, aparentemente relativista, que acepta cualquier 'camino' religioso, quizás sea atractiva a este nivel intelectual pero es inconsistente con la búsqueda de un Dios personal que los adeptos a estos movimientos expresan y, por supuesto, con los elementos doctrinales de la Iglesia Católica en la que muchos de ellos han sido bautizados y que proclaman profesar de vez en cuando o a menudo.[128]

Nuestros agentes pastorales se encuentran, por lo tanto, ante una encrucijada singular: por un lado quieren anunciar el evangelio a todas estas personas que buscan a Dios y creen descubrir la plenitud de Su presencia y de Su vida en algunos de estos grupos religiosos, y, por el otro, quieren ser fieles a las enseñanzas de la Iglesia que no puede tolerar las posturas o doctrinas que los mismos movimientos proponen. ¿Cómo debemos proceder? Decididamente, como lo quiere la Iglesia. Desde el Concilio Vaticano II, la Iglesia ha invitado a todos los católicos a un diálogo ecuménico en el que todos puedan participar —cada uno firmemente desde su postura de fe— a pesar de la diversidad de opiniones e interpretaciones existentes, un diálogo ajeno a la condena y abierto al crecimiento mutuo por la búsqueda de la Verdad. Aunque este diálogo para muchos todavía está en pañales, podemos afirmar una serie de proposiciones que confirman la presencia y popularidad de algunas sectas y cultos y que afectan a muchos de los que practican los sincretismos descritos en páginas anteriores:

---

[128] Dentro de esta postura intelectual existe otra que considera estas 'nuevas religiones' incompatibles con el cristianismo por su falta de ética. Dicha generalización ha sido cautelosamente rechazada por que quiere mover a estos intelectuales del 'anatema' al 'diálogo'. Véase: Coleman, J. «Significado de los nuevos movimientos religiosos». *Concilium*. Madrid: Ediciones Cristiandad, 1983, No. 181, pp. 38-41.

Es cierto que la mayoría de los candidatos para estos movimientos religiosos —muchos de ellos jóvenes— se sienten solos y aislados, a veces abandonados, por su familia y por la sociedad en general. Evidentemente, buscan una nueva vida, un nuevo horizonte, donde la trascendencia y la presencia de Dios se hagan realidad a nivel personal y comunitario. En el caso de muchos de nuestros inmigrantes o refugiados hispanos, esta soledad *personal* o familiar se proyecta en un estilo de soledad *social* que provoca inseguridad a todos los niveles; cuando la Iglesia de su bautismo no se hace asequible a estas familias, ellas se acercan a estos movimientos religiosos en busca de atención personal, de aceptación social, y de mediación al Dios que profesan y a las imágenes religiosas con las que se han identificado desde su infancia.

Es cierto que el Espiritismo y la Santería continúan involucrando a los hispanos y no hispanos en un mundo ritualista y simbólico en el que la presencia de Dios se hace presente para estos creyentes por la respuesta inmediata que Dios haga a través de algún intermediario (espíritu u *orisha*) que les asegure una solución inmediata a toda crisis.

Es cierto que el 'culto al diablo' continúa y que al mismo se unen ciertos adeptos que descubren un nuevo camino religioso y distinto al camino de las religiones cristianas reconocidas. También es cierto que sus rituales son peligrosos y que pueden conducir a los miembros del culto a ciertos actos criminales.

Es cierto que en las sectas o movimientos más recientes, como el de la 'Nueva Era', Dios aparece como una realidad cósmica o panteísta, es decir, en todos los sitios pero en ninguno en particular; es el Dios de todos pero de nadie. En dichos grupos la revelación no es importante y Dios no forma parte de la historia de salvación de ningún pueblo. Jesús, para ellos, es otro hombre y no el Hijo de Dios. El Espíritu Santo no existe y el ser humano es capaz de forjar su propio destino con la ayuda de ciertos ritos, o espera pasivamente la reencarnación de su alma en una entidad más desarrollada y perfecta. Tal parece que en estos movimientos, sincretizados con las religiones orientales y las corrientes esotéricas más gnósticas o espiritistas, los 'ángeles' son muy populares.

Es cierto que en muchos de estos grupos —sobre todo en los cultos— la influencia del líder ejerce una función opresiva de 'lavado de cerebro' por el que someten a los miembros del grupo, sobre todo los recién llegados, a un agotamiento físico y mental que les ayuda a aceptar una nueva forma de 'creer' y de 'vivir'.[129]

Es cierto que en muchos sitios, nuestras comunidades católicas han perdido el 'sentido de lo sagrado' y el 'entusiasmo evangelizador' que quisieron recuperar los Padres del Concilio al fomentar la participación en la vida sacramental de la Iglesia y al proponer una meta de evangelización propia para nuestros tiempos.[130] En estos sitios, según el testimonio de muchos, las celebraciones sacramentales son insípidas y frías, carentes de preparación o de recogimiento, y mucho menos de creatividad, y la vida pastoral aparece reducida o inexistente. ¡Cuán importante es la evaluación personal y pastoral de cada uno de nosotros, obispos, presbíteros, diáconos, religiosos y religiosas, laicos comprometidos, a la luz del Evangelio y de los documentos Conciliares y post-Conciliares que nos ayuden a marcar el progreso de nuestro anuncio evangélico a todo nivel!

No obstante ello, existen muchas más comunidades que, fieles a la intención de la Iglesia y prestos a mantener su tradición doctrinal por medio de una catequesis intensa y de una liturgia viva, descubren en estos movimientos religiosos una llamada a la auto-evaluación de su vida pastoral y un desafío a la evangelización en la sociedad contemporánea. Quizás de ellas surja la mejor y más equilibrada actitud pastoral que incluya, entre otros, los siguientes elementos:

1) Apertura a la presencia del Espíritu Santo en la vida pastoral de la Iglesia. El Espíritu nos alienta y nos guía y nos muestra que sin El

---

[129]   Sampredo Nieto, C.M., Francisco. *Sectas y Otras Doctrinas en la Actualidad.* Bogotá: CELAM, 1995, pp. 323-328.

[130]   Véanse de nuevo la *Constitución sobre la Sagrada Liturgia,* párrafo 14 y la *Exhortación Apostólica sobre la Evangelización en el Mundo Contemporáneo,* capítulo II, párrafos 17-24.

los seres humanos, por su cuenta, no pueden llegar a una plena felicidad.

2) Recuperación de aquellos elementos positivos de nuestra Iglesia que parecen escasear en nuestras comunidades: el sentido de los sagrado, el amor a una iconografía auténtica y de buen gusto, el desarrollo de un laicado acogedor y hospitalario, una orientación creativa en las homilías y en los grupos parroquiales o grupos pequeños.

3) El desarrollo de pequeñas comunidades dentro de la estructura parroquial que se conviertan en Iglesias 'domésticas', atendidas por sus pastores o delegados, que eviten cualquier tendencia hacia el exclusivismo, el elitismo, o su separación cismática de la Iglesia universal.

4) El uso de un lenguaje pastoral que ni sea un lenguaje mágico que comunica a un *Deus ex machina,* la imagen de un «Dios-mago» que lo resuelve todo si uno reza, ni un lenguaje exclusivamente psicológico y carente, por lo tanto, de la presencia de la gracia de Dios; se necesita un lenguaje que comprenda al que se acerca con una crisis y que facilite un camino de encuentro con Dios en una espiritualidad sana y equilibrada por la que la fe y la razón lleguen a complementar la totalidad del ser humano. Se necesitan agentes pastorales que comprendan las crisis de la familia humana como una experiencia de 'limitación extrema' por la que cada miembro de la familia siente su propia vulnerabilidad y sus múltiples limitaciones a un nivel tan excesivo, que ante ellas se sienten paralizados en la vida.[131]

5) El desarrollo de un culto más vivo y participativo, unas liturgias dominicales y diarias que incluyan el respeto a la tradición eclesial en sus elementos sagrados, pero también las expresiones culturales de aquéllos que la celebran en familia y viven ansiosos por incluir en sus celebraciones comunitarias elemento festivos que les ayuden a superar las angustias y las dudas que la sociedad les presenta.

---

[131] Pregeant, Russell. *Mystery Without Magic.* Oak Park, Illinois: Meyer-Stone Books, 1988, p. 29.

6) Una mayor participación del laicado en la vida espiritual, litúrgica y pastoral de la Iglesia que exige, de hecho, una mejor formación teológica y pastoral de estos mismos laicos.

7) Una mejor formación bíblica y doctrinal para nuestros adultos católicos que tiene hambre del Dios revelado en Jesucristo y han descubierto en la Palabra de Dios un tesoro y una inspiración para su vida espiritual y apostólica.

8) Una mejor valorización a todo nivel —antropológico, sociológico, filosófico, teológico y pastoral— de la religiosidad popular, que incluya un análisis serio de sus elementos según la expresan las diferentes comunidades hispanas que residen en los Estados Unidos, y un desarrollo de ministros entrenados que lleven la semilla del Evangelio a los que la practican.

9) Una catequesis familiar que prepare a los padres a comprender a la juventud de hoy y que oriente a los jóvenes a convertirse en líderes de una nueva evangelización en la que todos pueden vivir el Evangelio de Cristo sin necesidad de someterse a una búsqueda de Dios abstracta y relativista.

10) La incorporación en el curriculum de todos los Seminarios, las Universidades Católicas, las Escuelas Secundarias o High Schools católicos, e incluso en las Escuelas Primarias, los temas que han sido desarrollados en los capítulos anteriores, para compartir con todos no sólo las corrientes religiosas de nuestra sociedad contemporánea, sino también la postura de la Iglesia que, al predicar auténticamente el Evangelio de Jesús en todas las naciones, quiere abrir su corazón al desorientado, confuso y oprimido, al que busca al Dios revelado en Jesucristo, al que desea conocerlo y profesarlo, al que quiere ser feliz 'desde adentro' y no sólo exteriormente. Sin esta preparación, nuestros futuros sacerdotes, diáconos permanentes, o laicos comprometidos nunca van a comprender la problemática pastoral que la Iglesia afronta ante la existencia y el crecimientos de estos 'movimientos religiosos'.

Mientras concluía los últimos párrafos de este manuscrito, el Departamento de Religión de uno de los más conocidos High Schools

(Secundaria) Católicos de Miami me invitó a que hiciera una presentación sobre la «Santería» a sus alumnos, la mayoría proveniente de familias hispanas que residen desde hace muchos años en la ciudad. ¡Cuánto recordé mi primer año de sacerdocio, en el que ofrecí algunas de estas presentaciones a diferentes grupos, muchos de ellos alumnos de colegio católicos!

Las caras eran diferentes, habrían pasado más de dos décadas, pero los estudiantes hacían hoy las mismas preguntas que otros hicieran entonces: «¿existe el 'mal de ojo'?, ¿y de la 'ouija' qué?, ¿por qué el vaso del agua con el crucifijo?, ¿y la hechicería o el embrujo?» Esta experiencia me hizo entender de que el tema sigue vigente en la vida de todos aquéllos que, o por su ambiente cultural o religioso, están expuestos a la 'Iglesia doméstica', a las prácticas religiosas transmitidas de generación en generación en el hogar. Por otro lado, me hizo también pensar que todavía nuestros agentes pastorales, por lo general, le siguen predicando al 'Coro' de la Iglesia, que nuestro sistema educacional católico —tanto en los colegios católicos como en la catequesis parroquial— todavía no ha palpado de dónde, verdaderamente, surge la búsqueda de Dios en nuestras familias hispanas, es decir, de sus raíces culturales, y, por lo tanto, las sigue ignorando.[132]

No existe una serie de cursos de religión, o un enfoque educativo en las escuelas, que partan de la experiencia cultural de los alumnos (el hogar); más bien, existen series educativas y libros extensos que describen lo que los estudiantes deben leer y hacia dónde se tienen que dirigir. A través de esta experiencia me convencí de que todavía hay mucho por hablar, por compartir y por aprender, entre nosotros mismos los católicos para que lleguemos a comprender cómo Dios nos

---

[132] Recordemos de nuevo el párrafo 20 de la Exhortación *Evangelii Nuntiandi* de Pablo VI: «El Evangelio, y por consiguiente la evangelización, no se identifican ciertamente con la cultura y son independientes con respecto a todas las culturas. Sin embargo, el reino que anuncia el Evangelio es vivido por hombres profundamente vinculados a una cultura y la construcción del reino no puede por menos de tomar los elementos de la cultura y de las culturas humanas. Independientes con respecto a las cultura, Evangelio y evangelización no son necesariamente incompatibles con ellas, sino capaces de impregnarlas a todas sin someterse a ninguna».

llama desde nuestra experiencia humana a sembrar la semilla de la fe en un mundo que le busca que pero que no sabe hacia dónde dirigir sus pasos.

Recurrimos de nuevo a San Pablo, el 'apóstol de las culturas' que supo ser instrumento de la Buena Noticia al mundo de los Judíos, los Romanos y los Gentiles por igual, firme en Jesucristo ante quien toda rodilla debe doblarse, promoviendo un evangelio sin distinciones de clases, de sexo o de razas, pero consciente de que la Iglesia necesita de muchos hijos e hijas que prediquen esta Noticia de esperanza que el mundo necesita escuchar para que emprenda, por fin, el camino hacia la salvación:

> «Pero, ¿cómo van a invocarlo sin creer en él?, y ¿cómo van a creer sin oír hablar de él?, y ¿cómo van a oír sin uno que lo anuncie?, y ¿cómo lo van a anunciar sin ser enviados? Según aquello de la Escritura: 'Bienvenidos los que traen buenas noticias'...» (Romanos 10: 14-15)

Nos animan las palabras del Santo Padre Juan Pablo II en las conclusiones del Sínodo de América donde nos describe de qué manera constituir la Iglesia de hoy y del mañana:

> «Una Iglesia que viva intensamente la dimensión espiritual y contemplativa, y que se entregue generosamente al servicio de la caridad, será de manera cada vez más elocuente testigo creíble de Dios para los hombres y mujeres en su búsqueda de un sentido para la propia vida. (286) Para ello es necesario que los fieles pasen de una fe rutinaria, quizás mantenida sólo por el ambiente, a una fe consciente vivida personalmente. La renovación en la fe será siempre el mejor camino para conducir a todos a la Verdad que es Cristo...»[133]

---

[133] Juan Pablo II. *Exhortación Apostólica Ecclesia en America, Sobre el Encuentro con Jesucristo Vivo, Camino para la Conversión, Comunión y Solidaridad en América, México: 23 de enero de 1999.*

APÉNDICES

**Declaraciones Pastorales
del Clero y del Episcopado**

El autor en la parroquia Nuestra Señora de Fátima de la diócesis de Aba, región Igbo de Nigeria, con el padre Agustín y un grupo de confirmados.

INTRODUCCIÓN

Siempre es importante conocer las reflexiones teológicas, espirituales, pastorales o litúrgicas que nos ayuden a interpretar cualquier realidad compleja que se presente en nuestra vida ministerial. Aún así, no podemos dejar de escuchar la voz del magisterio de la Iglesia que, elevada por obispos locales y siempre evocando la intención de la iglesia universal, despliega una intensidad singular, propia de sus diócesis y de los fieles confiados a su cargo por el Vicario de Cristo.

Unámonos, por lo tanto, a los siguientes textos que presentan la voz de aquellos obispos —y de una fraternidad específica del clero y religiosos— cuyas asambleas de fe se sienten más afectadas por algunos de los movimientos religiosos examinados en los capítulos anteriores.

En la voz de Monseñor Eduardo Boza Masvidal, Obispo Auxiliar de La Habana hasta 1961 y residente, desde entonces, de Los Teques, Venezuela, descubrimos la primera voz de un obispo cubano que se eleva para afrontar la situación de la *Santería* que tanto ha afectado y afecta a los cubanos en la diáspora. Sus palabras sencillas proveen una catequesis breve, pero precisa, de las diferencias que existen entre este sincretismo y la religión católica. En el título de su instrucción *«Debemos Conservar la Pureza de Nuestra Fe»,* elaborada en el espíritu del Concilio Vaticano II, descubrimos una reflexión más pastoral que académica: ni condenar ni tolerar este fenómeno religioso, más bien atraer a una seria reflexión sobre la fe católica a aquellos que, reconociéndose como católicos, practican asiduamente los rituales de la *Santería.*

Posteriormente, en 1987, en New Jersey y New York, durante la reunión de la fraternidad del clero y religiosos de Cuba en la diáspora, sus participantes reiteraron la postura original de Monseñor Boza e hicieron un llamado al estudio serio de los sincretismos que afectan a los cubanos en el marco de una espiritualidad cristiana proyectada hacia la santidad en el mundo contemporáneo. En «Fe Cristiana y Santería» tanto obispos como sacerdotes asumen una postura abierta al diálogo religioso y sincero entre los creyentes de la Santería y representantes de la Iglesia.

De las reflexiones continuas que aparecían en la hoja pastoral «Aquí la Iglesia» por el entonces Arzobispo de La Habana y, actualmente, Arzobispo y Cardenal Jaime Ortega y Alamino incluimos ésta que elaborara en noviembre de 1990 bajo el título de «*La Santería, ¿religión de los cubanos?*». Aludiendo concretamente a las múltiples prácticas religiosas de los cubanos, el señor Cardenal reitera la posición de la Iglesia que ni condena ni juzga a los que viven envueltos en ellas. Reconociendo en Jesús el modelo a seguir, el Cardenal aclara a la vez que «la mayoría de los cubanos de religiosidad popular, no son sincréticos» y exhorta a todos los cubanos a que emprendan el camino de la búsqueda de Dios para llegar a la plena fe católica.

De las múltiples instrucciones y cartas pastorales de Monseñor Edward A. McCarthy, Arzobispo de Miami desde 1977 hasta 1993, destacamos su «*Instrucción Pastoral sobre la Nueva Era*» de 1991. Con una sensibilidad muy grande hacia todos los que buscan a Dios en una sociedad compleja y materializada, Monseñor McCarthy examina el fenómeno de la 'Nueva Era', distingue sus aspectos positivos de los negativos, y exhorta a los miembros de la Iglesia a que se involucren en aquellos movimientos de la Iglesia que estén orientados a la evangelización y se comprometan a compartir su fe continuamente. Ansioso por abarcar todos los aspectos de la 'Nueva Era', Monseñor McCarthy, más que un análisis profundo, nos presenta una invitación a que sigamos examinando no sólo la naturaleza de este movimiento religioso, sino el impacto que puede ejercer en nuestros feligreses, especialmente en nuestra juventud.

Finalmente, en la «*Declaración de la Fraternidad del Clero y Religiosos de Cuba en la Diáspora*» de 1994 encontramos un desarrollo del tema que iniciase Monseñor Boza en 1978 y que, desde Cuba, lo tratara, como una reflexión pastoral, el Arzobispo de La Habana en la publicación de 1990. Juntos en su reunión anual como grupo fraterno que ejerce su misión fuera de Cuba, el clero y religiosos de Cuba en la diáspora elaboraron en esta declaración, entre otros temas, lo que significa 'ser santo' en una sociedad que busca el misterio de Dios y que no sabe cómo encontrarlo. Editada por el mismo Monseñor Boza y por Monseñor Agustín A. Román, Obispo Auxiliar de Miami, y con el apoyo de Monseñor San Pedro —hoy difunto— esta declaración coloca el sincretismo de la *Santería* dentro de un marco histórico, antropológico y teológico que nos invita a tomar en serio su impacto en la sociedad latina de nuestra época.

Leamos, pues, las reflexiones de nuestros obispos y de nuestro clero quienes extienden sus manos a los que, siendo católicos por el bautismo, se sienten atraídos a estas prácticas sincréticas. En cuanto a la Santería, es importante notar que —desde hace un tiempo, y entre una elite específica de '*babalaos*' de Miami— existen un esfuerzo y un deseo por eliminar todos los aspectos católicos de la religión de los Yorubas para que ésta se practique en los Estados Unidos (y creemos que en Cuba) íntegramente tal y como se practica en el sudoeste de Nigeria. Recordemos, por un momento que éste fue el primer llamado a 'no mezclar' que hiciese Monseñor Boza en su Declaración de 1978.

DEBEMOS CONSERVAR
LA PUREZA DE NUESTRA FE[134]

Se está produciendo un fenómeno en nuestro pueblo cubano del exilio que nos debe preocupar profundamente a todos los que queremos una Cuba verdaderamente cristiana. Me refiero al auge de la santería y del sincretismo religioso, especialmente en algunas zonas como Miami, Nueva York y Nueva Jersey hasta el punto de que ya la santería ha sido admitida oficialmente como una «religión» a la par con todas las demás en algunos estados de los Estados Unidos.

Quizás en el fondo de todo esto subyace un ansia de lo sobrenatural como contrapeso al vacío espiritual de una sociedad secularizada y tecnificada unido a una deficiente atención religiosa por la diversidad de idioma y de costumbres. No es mi propósito detenerme aquí a estudiar las causas de este fenómeno, sino sólo fijarme en algunos puntos que nos ayuden a superarlo positivamente y hacer un llamado a todo nuestro pueblo para que conservemos la pureza de nuestra fe.

ORIGEN: El origen de la santería en Cuba es perfectamente explicable. Poco después del Descubrimiento, junto con los conquistadores vinieron los misioneros que hicieron una profunda labor evangelizadora y sembraron en nuestro pueblo la semilla de la fe cristiana. Pero cuando se cometió aquella tremenda injusticia de traer de África negros como esclavos, arrancados inhumanamente de su patria y de su familia, aquellos hombres no pudieron ser debidamente evangelizados. Ni los sacerdotes sabían sus lenguas africanas ni ellos entendían el español. Se les hacía ir a la iglesia y practicar la religión católica, pero sin que hubiera una verdadera conversión; por dentro ellos seguían pensando en sus dioses paganos, y cuando veían en los templos católicos las imágenes de los santos cristianos, sin ninguna

---

[134] *Cuba: Diáspora*, Miami, Florida, 1978.

mala intención de su parte los identificaban con algunos de sus dioses con los que les encontraban algún parecido o algún punto de contacto. Así nació y fue creciendo esa mezcla y confusión religiosa que después se extendió aún a personas de otro origen y raza.

¿Por qué no se pueden conciliar el cristianismo y la santería? Vamos a señalar algunas diferencias fundamentales:

➜ EL CRISTIANISMO ES MONOTEÍSTA, cree en un solo Dios. El Dios cristiano es el Dios de la Biblia, uno en naturaleza y trino en personas. Creador y Senor de todas las cosas. Esta creencia en un solo Dios es tan fundamental en nuestra fe, que para defenderla lucharon mucho los profetas en el Antiguo Testamento, ya que el pueblo de Israel tenía constantemente la tentación de volverse hacia los dioses de los pueblos paganos vecinos y los profetas les hacían una crítica dura e irónica haciéndoles ver que esos eran dioses falsos, hechura de manos humanas, que tienen ojos y no ven, tienen oídos y no oyen, tienen boca y no hablan y es por eso que la ley de Moisés les prohibía hacerse imágenes para apartarlos de esa tentación. Jesucristo es ese único y verdadero Dios hecho hombre por amor a nosotros.

➜LA SANTERÍA, EN CAMBIO, ES POLITEÍSTA, cree en muchos dioses, cuyos nombres ha dado a las imágenes de la Virgen María y de los santos cristianos. Pero la Virgen María y los santos no son dioses; son puras criaturas humanas, personas reales que han existido, y en su vida han dado ejemplo de fidelidad a Dios y de santidad de vida. Es algo completamente distinto.

➜ EL CRISTIANISMO ES LA RELIGIÓN DEL AMOR. Ese único Dios verdadero es un Padre que nos ama y al que nosotros amamos. En la oración acudimos a El con confianza de hijos y en su Providencia descansamos confiados.

➜ LA SANTERÍA EN CAMBIO, ES LA RELIGIÓN DEL TEMOR, del miedo. Hay que hacer cosas para librarse de males y apartar poderes maléficos, o para tener suerte y hacer propicios los dioses. Se teme más que se ama.

➜ EL CRISTIANISMO NOS LLEVA A HACERNOS MEJORES, a transformar nuestra vida. En la medida en que lo vayamos viviendo de verdad tenemos que hacernos mejores, vencer nuestros defectos y adquirir más virtudes, más dominio de nosotros mismos, más caridad, más humildad, más espíritu de servicio, en una palabra, más santidad. ➡ LA SANTERÍA EN CAMBIO SE QUEDA EN PRÁCTICAS EXTERNAS, EN RITOS Y CEREMONIAS QUE NO NOS TRANS-FORMAN POR DENTRO y que adquieren cierto sentido mágico cuyo efecto depende de los actos en sí, sin que nos cambiemos interiormente.

Señalaremos finalmente algunas normas pastorales. Nuestra actitud con las personas que practican la santería no ha de ser una actitud cerrada, de rechazo total, sino una invitación a la reflexión y a la purificación de la fe.

➡ UN LLAMADO A NO MEZCLAR. La Iglesia Católica en el Concilio Vaticano II proclamó el principio de la libertad religiosa, o sea, el respeto que merece cada hombre que sinceramente y de buena fe practique una religión. Por eso la Iglesia mira con ese respeto las religiones africanas para aquéllos que han nacido en ellas y allí tratan sinceramente a Dios, pero a lo que no hay derecho es a la mezcla de elementos de dos religiones distintas, no siendo así ni una cosa ni otra. Esto que en su origen tuvo una explicación razonable y sin mala fe, como apuntábamos anteriormente, no la sigue teniendo cuando ya no existen esas razones. Si creemos en los dioses africanos, digámoslo claramente y esa será entonces nuestra religión; si somos cristianos, seámoslo de verdad y aceptemos nuestra fe en toda su pureza. ➡ APROVECHEMOS LOS ELEMENTOS VALIDOS QUE HAY EN TODA RELIGIÓN PARA PURIFICARLOS A TRAVÉS DE UNA VERDADERA LABOR EVANGELIZADORA.

El Concilio Vaticano II en la «Declaración 'NOSTRA AETATE' sobre las Relaciones la Iglesia con las Religiones No Cristianas», dice que EN TODA RELIGÓON HAY «UN DESTELLO DE AQUELLA VERDAD QUE ILUMINA A TODOS LOS HOMBRES» AUNQUE ESTÉ TAMBIÉN MEZCLADO CON MUCHOS ERRORES. Así hemos de partir de estos elementos positivos que hay en la santería para llevar a una verdadera fe. Así por ejemplo, la creencia en Dios; estas personas no son tan ateas ni materialistas, creen en lo sobrenatural, en un ser supremo. Aquí ya tenemos un poco de terreno ganado. Lo que hay que hacer es purificar esa idea de Dios hasta llegar al Dios Uno, Creador y Señor, al Dios Padre, al Dios-Amor. Estas personas dan culto a los santos. Habría que partir de ahí para llegar a lo que es verdaderamente un santo, que no es un ser mitológico, sino un ser real, cuyo nacimiento y vida conocemos, que amo heroicamente a Dios y al prójimo y nos dio un ejemplo y nos señala un camino.

Ciertamente, esta labor evangelizadora es dura, lenta y difícil y sería más fácil rechazar todo y quedarnos tranquilos pensando que somos los verdaderos cristianos, pero entonces no estaríamos acercando estas personas al verdadero Dios.

Hay un último punto que creo no se puede pasar por alto: LA EXPLOTACIÓN COMERCIAL DE LA SANTERÍA, y eso sí debe merecer nuestra repulsa y condenación. Vemos cómo proliferan las llamadas «Botánicas» en las cuales se venden toda clase de objetos, yerbas, pomadas, collares, etc. por personas que muchas veces no creen absolutamente en nada de eso, pero lo hacen porque eso les deja dinero y es un buen negocio. No se puede explotar así la fe del pueblo. Es algo absolutamente reprobable ante Dios y es un signo más de la entronización del dios «dinero» que para muchos es el supremo valor.

Que estas palabras sirvan de invitación a todos para vivir un cristianismo auténtico y profundo, sin mistificaciones ni deformaciones, alimentado en la palabra de Dios contenida en la Biblia, y que la devoción a la Santísima Virgen María de la Caridad, nuestra Madre y Patrona, sea para nosotros camino para ir a Jesús y formar así un pueblo verdaderamente cristiano.

Mons. Eduardo Boza Masvidal, D.D.
Obispo Titular de Vinda
Vicario General de Los Teques, Venezuela

FE CRISTIANA Y SANTERÍA[135]

Durante el XIII Encuentro de la fraternidad del Clero y Religiosos de Cuba en la Diáspora, nosotros, como sacerdotes cubanos tuvimos la oportunidad de compartir nuestra preocupación ante la continua prevalencia de la santería y del sincretismo religioso en nuestro pueblo, tanto dentro como fuera de nuestra querida Cuba. Además observamos con inquietud como este fenómeno que ya había alcanzado el nivel de "religión" a la par con las demás en algunos estados de los Estados Unidos comienza a verse como sujeto en el área del arte y específicamente en la cinematografía, aumentando así el confusionismo inherente.

Como pastores y servidores del pueblo de Dios, nos vemos en la responsabilidad de dirigirnos a nuestro pueblo, así como a toda persona de buena voluntad, para esclarecer la posición cristiana que se ve desenfocada y desvirtuada por ese fenómeno sincretista.

El problema de la santería se puede considerar desde diversos puntos de vista: antropológico, cultural, folklórico, religioso, etc. En estas líneas deseamos considerarlo desde el punto de vista religioso y en concreto bajo dos aspectos principales:

1) Consideramos en primer lugar a aquellos que diciéndose y sintiéndose católicos, sin embargo practican de una u otra forma la santería; prescindimos aquí de los diversos grados que sin duda habría que distinguir. A todos ellos queremos recordarles la incompatibilidad de su profesión de fe cristiana y católica con esa actitud y esas prácticas supersticiosas. Mons. Eduardo Boza Masvidal, con su solidez y claridad acostumbradas, expuso en un artículo de amplia divulgación los puntos básicos de oposición y divergencia que existen entre ambas posiciones; a él nos remitimos.

---

[135] *Revista Ideal*, Miami, Florida, Año XVIII, No. 256, 1989.

Lo queremos recordar además que la fe en un solo Dios uno y trino, creador y señor del universo, infinitamente bueno y poderoso en sí y bueno en su creación, está diametralmente opuesta a una fe más o menos larvadamente politeísta, que se mueve en el mundo tenebroso de espíritus y dioses malignos a los que hay que aplacar y controlar. Igualmente que la vida religiosa verdaderamente cristiana está fundada en el amor, y el amor no da cabida al temor (ver *1 Juan 4:18*). La veneración devota y correcta a los santos no tiene nada en común con una actitud pagana en el fondo que ve en ellos seres cuasi-divinos, sujetos al soborno y al chantaje a veces extremadamente burdos. Ellos son nuestros hermanos y modelos en la fe y en la vida cristiana, que con sus ejemplos y oraciones nos ayudan a vivir también nosotros nuestro compromiso cristiano adquirido en el bautismo. No son "potencias" más o menos incontroladas dispuestas a cada instante a dañarnos si no sabemos cómo complacerlas y dominarlas.

2) En segundo lugar nos dirigimos a aquellos que profesan pública-mente o en privado una religión que en realidad es una mezcla de catolicismo y religiones africanas. Con el debido respeto que nos merecen todos los que sinceramente se adhieren a una confesión religiosa (ver *Nostra Aetate, 2*), los invitamos a reflexionar sobre la naturaleza sincretista de su fe y práctica religiosa. Nos ofrece-mos a dialogar con ellos para compartir nuestra visión religiosa según la cual el único sacrificio de Jesucristo anula todos los otros sacrificios (ver *Hebreos 10: 1-18*). Queremos recordarles también que la Iglesia católica «*sabe y enseña con san Pablo que uno solo es nuestro mediador: 'Hay un solo Dios, y también un solo mediador entre Dios y los hombres, Cristo Jesús, hombre también, que se entregó a sí mismo como rescate por todos'* (*I Timoteo 2:5-6*)» (Juan Pablo II, *Redemptoris Mater, 38*) y que por lo tanto toda otra mediación, aun la de la Santísima Virgen María, se ejerce por Cristo y en Cristo (ver ibid). Queremos compartir con ellos además nuestra visión de la santidad: para nosotros la santidad es apertura a la gracia de Dios que fructifica en virtudes teologales (fe, esperanza y caridad) y morales; los santos por tanto no son

personas con poderes extraordinarios, y menos aún una especie de brujos o magos. Por otra parte el sacerdocio ministerial tampoco es magia, sino servicio del pueblo de Dios en la proclamación de la Buena Nueva y la distribución de los sacramentos. Los invitamos por último a que sean atentos y dóciles al movimiento de la gracia en sus corazones, que sin duda los llama a abrirse al mensaje y la persona de Cristo, que es el camino, la verdad y la vida (ver *Juan. 14:16*).

Con viva solicitud, hacemos votos porque estas palabras sirvan de invitación a todos para vivir un cristianismo auténtico y profundo, sin mistificaciones ni deformaciones, alimentado en la palabra de Dios contenida en la Biblia, y que la devoción a la Santísima Virgen María de la Caridad, nuestra Madre y Patrona, sea para nosotros camino para ir a Jesús y formar así un pueblo verdaderamente cristiano.

Finalmente, nos urge que pastoralistas, teólogos, científicos, estudien a profundidad esta problemática a fin de orientar los esfuerzos pastorales en las diferentes comunidades.

> Declaraciones de los Miembros que asistieron al XIII Encuentro de la Fraternidad del Clero y Religiosos de Cuba en la Diáspora sobre Santería. New Jersey/New York del 23-25 de junio de 1987.

LA SANTERÍA,
¿RELIGIÓN DE LOS CUBANOS?[136]

Es frecuente en los últimos tiempos que los medios de comunicación de nuestro país se refieran a las «religiones africanas» o a los «cultos afrocubanos». Incluso en algunas incursiones que han hecho estos medios sobre la fe religiosa en general, ésta es presentada sobre todo como una manifestación de los que comúnmente nuestro pueblo conoce como «santería». Por ejemplo, en el programa de T.V. «Puntos de Vista», dedicado al tema de la religión, no hubo ninguna entrevista con católicos de sólida formación, tampoco se incluyeron a cristianos de las distintas congregaciones evangélicas que existen en Cuba y aún menos se dio allí la presencia de un sacerdote católico o de un ministro de otra denominación. (Sí estuvo presente algún «babalao»). Sólo hombres y mujeres de fe espontánea y popular, en su mayoría sincrética, eran abordados por los entrevistadores.

Da la impresión de que, al difundir tanta información sobre cultos africanos y presentar las manifestaciones de religiosidad popular más o menos sincréticas como las más comunes entre los cubanos y en dependencia más de los cultos africanos que de la Iglesia Católica, se pretende atribuir un rango de religión independiente y aun predominante a lo que no pasa de ser, en gran número de creyentes, una característica de su religiosidad o una modalidad en la expresión de su fe religiosa.

No es posible iniciar siquiera un análisis serio de este tipo de religiosidad en el breve espacio de esta hoja, pero es necesario, al menos, decir una palabra sobre el tan mencionado sincretismo. Este fenómeno ocurre cuando los credos o cultos de dos o más religiones o tradiciones religiosas se entremezclan. Así pasó en Cuba con las diversas expresiones religiosas africanas traídas a Cuba por los

---

[136] *Aquí la Iglesia*, Boletín No. 30, Arquidiócesis de La Habana, noviembre 1990.

esclavos de aquel continente. Estas se mezclaron y confundieron entre sí y recibieron un fuerte influjo del catolicismo, que era la religión de los españoles y sus descendientes criollos, marcando ellas a su vez la religiosidad popular católica con creencias y ritos.

Muchos factores culturales, sociales y políticos intervienen en los procesos de sincretización, en los cuales prácticamente nunca llegan a borrarse los elementos iniciales implicados en ese proceso como para quedar fundidos en uno solo totalmente nuevo. La religión más organizada, la que tiene conceptualizaciones y preceptos más elaborados y presenta una ética más coherente, logra al final el influjo mayor y definitivo.

En la fiesta de la Merced del pasado año un grupo de periodistas, al terminar la Misa, me rodeó para preguntarme sobre el sentido de la fiesta y mis opiniones acerca del gran número de participantes. La pregunta clave me la dirigió una joven reportera: ¿por qué la Iglesia es tan tolerante y permite que personas que tienen creencias sincréticas, participen en el culto católico? Le di mi respuesta que contiene a la vez varias preguntas: ¿quién tiene el medidor del grado de sincretismo de cada persona? ¿por dónde pasa la línea divisoria en el espíritu humano para que yo pueda rechazar a alguien al considerarlo sincrético?

En suma, ¿quién puede ser capaz de juzgar de la interioridad del hombre que se acerca lleno de fe a la Iglesia? Hasta aquí mi respuesta en aquella ocasión. Y ahora añado: la mirada del Pastor, la mirada del sacerdote, tiene que ser la misma de Jesucristo. Multitudes de gentes sencillas lo rodeaban. Una mujer del pueblo, narra el Evangelio, quería tocar la orla de su túnica para curarse de sus hemorragias. Un ciego esperando recuperar la vista, gritaba desde el borde del camino: Jesús ten piedad de mí.

Eran hombres y mujeres del pueblo que se acercaban a El con sus supersticiones, sus creencias peculiares y sus tabúes. En más de una ocasión Jesucristo hizo elogios de ellos: «En pocos de mi pueblo he encontrado tanta fe» *(Lucas* 7,9). «Yo te alabo Padre, Señor de cielo y tierra, porque has ocultado estas cosas a los sabios y entendidos y se las has revelado a la gente sencilla (*Mateo* 11,25).

No, la actitud de Jesús no es condenatoria, su mirada no es la del sociólogo, que estudia en equipo los comportamientos y hace después clasificaciones artificiales. No es tampoco la mirada del periodista que informa de lo que ocurre externamente, pero que no puede penetrar en el corazón del hombre. Esa mirada de Cristo y su preocupación por la humanidad: «Siento pena de la multitud que vaga como ovejas que no tienen pastor» (*Mateo* 9,36), es la misma que debe tener la Iglesia que El nos dejó. Nosotros debemos continuar también el estilo pastoral de nuestro Maestro y Señor. El no dejaba a esa muchedumbre en sus creencias ingenuas y elementales. Apreciaba y alababa su sencillez, pero les hacía dar pasos en el sentido del bien, del amor, de la justicia y de la verdad.

Sin rechazos, amándolos, Jesús les predicaba la religión verdadera: no es tal o cual alimento estimado impuro que coma el hombre lo que mancha su alma, lo que daña al hombre no es lo que entra de fuera, sino lo que sale del corazón, «del corazón proceden las malas intenciones, los homicidios, los adulterios, las fornicaciones, los robos, los falsos testimonios, las difamaciones» (*Mateo* 15, 19). Los creyentes de religiosidad popular que acuden a nuestras iglesias reciben con gozo y gratitud este mensaje y lo sienten suyo. Un gran número de ellos se sorprenderían al ser llamados sincréticos, pues no conocen ni siquiera la palabra. Casi todos ellos se definen a sí mismos como católicos o creyentes.

De hecho, la mayoría de los cubanos de religiosidad popular no son sincréticos, en el sentido que entendemos aquí, sino que profesan una especie de catolicismo popular que hallamos también en países de vieja cristiandad como España o Italia. Algunos estudiosos se sorprenderían al constatar que muchas de las creencias populares que acompañan a nuestro catolicismo cubano son, con leves variantes, las mismas que encontramos en Andalucía o en Islas Canarias. Y en cuanto al sincretismo afro-católico, su gama varía desde alguna simple superstición hasta la pertenencia activa a cultos afrocubanos. Esto último se da más en la costa norte de las provincias de la Habana y Matanzas. Guanabacoa, la ciudad de Matanzas y Cárdenas son centros fuertes de religiones afrocubanas y su influjo alcanza a la religiosidad común del pueblo de esta zona en mayor o menor grado. Este fenómeno que observamos con más amplitud en la ciudad de La Habana, no se aprecia en Pinar del Río, apenas en las provincias de la región de Las Villas, muy poco en Camagüey, Tunas y Holguín y es de otra índole en Santiago de Cuba y Guantánamo. Sin embargo, existe una extendida y arraigada religiosidad popular en todas esas regiones y ésta es de matriz católica. Verdaderamente, todos estos creyentes tienen una referencia con la Iglesia Católica. Muy pocos de estos hermanos nuestros llegarían a considerar el Catolicismo como «otra religión» de la cual podrían prescindir totalmente.

En los últimos años ha florecido en Cuba la santería en todos los estratos de nuestra población, sin importar el color de la piel o la edad —pues muchos son jóvenes— ni la militancia política. Esto es un signo del despertar religioso de nuestro pueblo. Las creencias de tipo animista, por no tener estructuras institucionales conocidas, por no requerir los serios compromisos éticos del cristianismo, por la flexibilidad de conciencia de quienes las practican, que les permite disimular y aún negar su fe, ha hecho que muchos hayan franqueado con más facilidad el anónimo umbral de la puerta de un curandero, que penetrar en la iglesia de su barrio.

Pero no pocos de los que han comenzado el camino de la búsqueda de Dios por esas vías, han llegado a la plena fe católica más tarde. Este andar no es inusitado: es bastante común acceder de la religiosidad popular, aún sincrética, a la fe liberadora en Jesucristo.

El camino inverso, el del desgaje y separación del tronco católico, el de retroceder la historia a sus complicados orígenes a partir de presupuestos intelectuales o ideológicos, o el de conformar artificial-mente realidades religiosas nuevas, no tiene nunca éxito, porque la cultura de un pueblo se integra por sedimentación y es muy difícil desentrañar las capas que la han formado.

Nadie puede crear artificialmente un comportamiento cultural y en el dominio de la cultura los desgajes provocados son siempre transito-rios, ya que los retoños renacen con más vigor un tiempo después de la poda. Tengan esto en cuenta los que como sociólogos o periodistas analizan estos fenómenos, de modo que lo hagan con objetividad y respeto, sin olvidar que se están moviendo en los hondos complejos dominios del sentir religioso.

Nosotros, a quienes nos toca anunciar el Evangelio a toda la creación, siguiendo el modelo de Jesucristo y con la sabiduría secular de la Iglesia, unimos al respeto, el amor de acogida y la audacia de mostrar a todos nuestros hermanos al Dios verdadero, con su carga de exigencia y su misericordia sin límites.

Sirva esta reflexión a sacerdotes, religiosos, religiosas y fieles laicos, empeñados como estamos todos en la Evangelización de nuestro pueblo. Con mi bendición. +Jaime, Obispo.

Jaime Cardenal Ortega, D.D.
Arzobispo de la Habana

INSTRUCCIÓN PASTORAL SOBRE LA NUEVA ERA[137]

Miami, Florida
noviembre de 1991

«Estamos siendo testigos,» dijo nuestro Santo Padre recientemente, «de una furiosa búsqueda de sentido en nuestras vidas; la necesidad de una vida interior y el deseo de aprender nuevas fórmulas y métodos de meditación y oración... En las sociedades secularizadas, la dimensión espiritual de la vida se busca a menudo como un antídoto a la deshumanización.» (Redemptoris Missio, *38*)

Esta búsqueda desesperada de sentido en nuestro mundo de hoy a la que el Santo Padre se refiere toma muchas formas. Una de éstas es el «Movimiento de la Nueva Era». Nombres de destacadas personalidades de Norteamérica están asociados con esto, (Shirley McLaine, Nancy Reagan, Bob Dylan, Tom Cruise, John Brodie, solo por nombrar a algunos) («*A Cruise in Outer Space», por* Jan Golab, California Magazine, junio 1991, pagina 42). Muchas librerías en toda la nación muestran extensamente obras y escritos de esta «Nueva Era». *Un nuevo parque de 480 acres valorizado en un billón de dólares se proyecta en Orlando, Florida para 1993* (Maharishi Mahesh Yogi). El Movimiento de la Nueva Era penetra todo los sectores de la sociedad, no sólo en lo espiritual y devocional sino también en lo publico y político.

---

[137] El señor arzobispo le añadió un Apéndice a su Instrucción Pastoral «para poder dar alguna indicación del ambiguo carácter y complejidad de esta subcultura de la '*Nueva Era*'...» Aunque lo omitimos en esta publicación, se puede buscar en la siguiente: *Cartas Pastorales* por Su Excelencia Reverendísima Arzobispo Edward A. McCarthy, Arzobispo de Miami, 1977-1993, Miami: The Pastoral Center, pp. 181-186.

El Movimiento de la Nueva Era abraza muchos de los ideales de la Iglesia como son la paz, el humanitarismo, el respeto por la dignidad de la persona, la meditación y el interés por la ecología. Pero también abraza muchos otros elementos que son totalmente incompatibles con el cristianismo y con nuestra fe Católica.

El Movimiento de la Nueva Era, como se conoce hoy día, tuvo su comienzo en California en la década de los 1960 con la difusión de filosofías orientales, particularmente el Budismo que fue tan popular entre los americanos de clase media desilusionados en ese entonces con la guerra de Vietnam. Este movimiento, como lo conocemos hoy día, tiene sus raíces en un sin fín de prácticas y disciplinas religiosas, filosóficas y teosóficas, (como por ejemplo, la gran preocupación por el ocultismo, como se puede palpar por el temor a la brujería y al renacimiento de la astrología, la quiromancia y las sanaciones mágicas entre los colonizadores de este país, así como las creencias sincretistas entre los esclavos de Louisiana y otros estados del Sur). Otras preocupaciones con el ocultismo de los siglos XVIII, XIX y el presente proveen el marco histórico para el movimiento de la Nueva Era que trata de buscar iluminación y verdad. Entre estos están los iluministas con su reacción al renacimiento del siglo XVIII, la inducción hipnótica de Mesmer (que tiene que ver con lo inconsciente o subconsciente), el espiritismo (la creencia que los espíritus de los muertos se comunican con los vivientes a través de un medio-unidad), la teosofía, los estudios sobre PSI (PES), cierta obsesión con extraterrestres, y la convergencia armónica (la creencia de que el mundo anuncia una nueva era de armonía en el mundo).

El Movimiento de la Nueva Era se puede describir como una subcultura al parecer religiosa que se ha difundido pero de ninguna forma se ha definido. Este movimiento tiene como meta que sus integrantes descubran la luz en su interioridad y todas las manifestaciones de lo divino dentro y alrededor de ellos por medio de una variedad de ejercicios y técnicas que involucran la mente. En si el Movimiento de la Nueva Era no concibe a un Dios personal. Dios está dentro de cada uno. Los integrantes de esta Nueva Era se refieren a esto como la «*energía-dios*» o «*puro-sentido*» o «*puro conocimiento*».

El Movimiento de la Nueva Era recalca que las polaridades tradicionales entre lo masculino y lo femenino se deben superar. Las prácticas de esta «*Nueva Era*» incluyen el ocultismo, la astrología, volver a nacer (por medio de hipnosis volver al momento en que uno nació), canalización (evocando las voces de los espíritus a través de un medio humano). Estas y otras practicas son íntegras del Movimiento de la Nueva Era que también cree en la reencarnación.

Esta «*Nueva Era*» pide un cambio radical en la forma en la cual uno mira a la vida. Debate y exige acerca de nuestras propuestas científicas occidentales y nuestra forma de ver al mundo y propone un camino de intuición oriental casi mágico. La base del pensamiento de esta «*Nueva Era*» es la realización del potencial humano con el fin de anunciar o provocar la «*Era de Acuario.*» A esta realización se llega por medio de la meditación, «*la psicología callejera,*» participación en EST, etc. La filosofía básica es que podemos ser lo que que queramos ser, pues todos somos dios. Nuestras personalidades y nuestras formas de ser son determinadas desde el momento de nuestro nacimiento y la posición de las estrellas y planetas. La moralidad es relativa. El pecado se iguala a la ignorancia y el conocimiento al panteísmo.

El carácter indefinido y la complejidad del Movimiento de la Nueva Era se reflejan en el gran número de conceptos, temas e intereses con los que se asocia. Ellos presentan el sabor o la sustancia del «*movimiento*» y las dificultades que propone para una evaluación teológica.

Se tiene que reconocer que hay aspectos positivos en este Movimiento de la Nueva Era. Refleja un compromiso con lo sagrado y lo espiritual, un nuevo descubrimiento de lo transcendente que es una reacción al racionalismo científico y al secularismo de hoy día. Busca la verdad como la solución a todo misterio. Refleja una búsqueda hoy día de una experiencia viva espiritual. Reconoce el valor de expresar la espiritualidad por medio de signos y símbolos, como hacen los Sacramentos. Nutre la autoestima como ingrediente necesario para la búsqueda de la verdad. Está comprometido con la paz, la felicidad humana, la buena voluntad y la benevolencia. Tiene un optimismo desenfrenado. Hay cierto culto por el cual sus integrantes se unen en una comunión con la divinidad.

Sin embargo, como ya se ha dicho, muchos de los elementos del Movimiento de la Nueva Era son completamente incompatibles con la cristiandad. Hay una omisión total de un Dios personal. Hay una omisión de la revelación de Dios en Cristo Jesús y una ignorancia total del misterio del amor de Dios, de la Encarnación, de Dios que viene al mundo como hombre en la persona de Jesús. Hay una negligencia total sobre el concepto y la realidad de la redención por medio de Jesucristo, del Espíritu Santo, de la Iglesia establecida por Jesucristo, del juicio final, del cielo y del infierno.

Falta en la *«Nueva Era»* la habilidad para la autocrítica, hay una tendencia a pensar que todo sentimiento y pensamiento es relativo. Se le da rienda suelta a la astrología, al interpretar la personalidad y la forma de ser cómo predestinadas por la posición de las estrellas desde el momento del nacimiento. Hay una gran insistencia en la reencarnación. Hay una especie de espiritismo en el cual se piensa que las almas de los muertos se comunican con los vivientes por un medio mientras que migran por el tiempo y el espacio.

Al tomar en cuenta el Movimiento de la Nueva Era y su búsqueda de un sentido a la vida del más allá, ajeno a las actitudes no creyentes tan prevalecientes en nuestros días, podemos reflexionar que actualmente la Iglesia Católica ofrece muchas de las respuestas que buscan tan asiduamente los integrantes de la *«Nueva Era».* Esto es aparente especialmente en la Iglesia del Segundo Concilio Vaticano y su respuesta a las necesidades de hoy día. Así como el Movimiento de la Nueva Era reacciona contra el racionalismo científico, también lo hace la Iglesia. La Iglesia reconoce que la ciencia y la razón como únicos recursos para el conocimiento aniquilan la fe y la oración. Las tradiciones y practicas de la Iglesia durante los siglos, así como sus enseñanzas, han reflejado su rechazo del racionalismo, por ejemplo, los ayunos, los cantos, los peregrinajes, los íconos, el incienso, etc.

El culto católico integra la materia y el espíritu en la vida de oración de la Iglesia. Incluye expresiones corporales así como la elevación de nuestras mentes y corazones al Señor. Signos, símbolos y rituales son parte íntegra de la proclamación, la experiencia y el desarrollo de la fe en la Iglesia Católica. Por veinte siglos los católicos han vivido por el poder de los signos y los símbolos, especialmente por los Sacramentos y sacramentales.

La Iglesia tiene una tradición muy rica de grandes místicos y espiritualidades místicas, que son adecuadamente apreciadas en nuestros tiempos, para responder a la afanosa búsqueda de una dimensión espiritual en la vida (San Juan de la Cruz, Santa Teresa de Avila, Tomas Merton, etc.).

Proclamando y viviendo el Evangelio de Jesucristo, el Dios-Hombre, eminentemente de este mundo por Su Encarnación, y eminentemente transcendente por su Divinidad (por sus Sacramentos y sacramentales, sus oraciones y devociones, con estabilidad y autenticidad), la Iglesia da respuesta a los grandes esfuerzos humanos para reconciliar lo terrestre con el ansia de lo divino. El magisterio de la Iglesia garantiza la autenticidad de las experiencias espirituales y también autentiza los carismas espirituales. Apartada de la guía de la Iglesia, esta sed espiritual puede ser manipulada y confundida.

La evangelización de la Iglesia, como el Movimiento de la Nueva Era, se dirige a todo los sectores de la sociedad: lo espiritual y lo social, lo público y político. Considera engañosa cualquier cosa que niegue la realidad del pecado y la necesidad de la gracia por la redención en Cristo.

Está creciendo un interés por el desarrollo espiritual entre muchos de nuestros queridos fieles católicos. La difusión del Movimiento de la Nueva Era es una indicación de que muchos buscan la dimensión espiritual de la vida en nuestros tiempos.

Esto es un reto y una oportunidad para los seguidores del Señor. Es especialmente pertinente este año cuando celebramos el Quinto Centenario de la llegada del Evangelio a este hemisferio. Esta debe ser una época para volver a comprometer a proclamar y predicar la Palabra de Vida con un fervor renovado en el poder del Espíritu Santo. Este es un reto para nuestro clero, los religiosos y los laicos para poder dar testimonio de la espiritualidad de su fe.

Este es un reto para las comunidades parroquiales para promover programas de renovación espiritual, y así poderse convertir en centros de oración aún más ricos, para rendir culto más ardientemente en sus liturgia sacramentales y otras formas de devoción.

Esta es una época para ofrecer y promover los retiros, los días de reflexión. Esta es una época especial para poder encontrar a Dios y al potencial humano en estos centros de retiro tan atesorados en nuestra tradición. Esta es la época para promover los movimientos de oración, los Cursillos, el Movimiento Carismático y otros donde muchos experimentan y se nutren de vida espiritual. Esta también es una época para fomentar y desarrollar muchas formas de oración incluyendo la meditación, la contemplación, la oración centrada y otras devociones privadas especialmente al Santísimo Sacramento, el Sagrado Corazón, a la Santísima Madre del Cielo y a los santos como modelos de la vida espiritual.

Es una época para reflexionar sobre nuestras prácticas pastorales, para preguntarnos si la recepción y la comprensión de la gracia de los Sacramentos se están fomentando adecuadamente, si la administración de los Sacramentos está respondiendo a las necesidades de nuestro pueblo. Tenemos que reflexionar sobre la calidad del RICA//RCIA (el Rito de Iniciación Cristiana para Adultos) y de las comunidades evangelizadoras de cada parroquia. ¿Son en realidad centros de bienvenida a esos que se vuelven a la Iglesia en búsqueda por un significado en su vida?

Tenemos que reflexionar sobre la calidad de la oración familiar; si nuestras familias en realidad son «*pequeñas iglesias*» donde la dimensión espiritual de la vida se aprende y se experimenta.

Ya es hora de que animemos y demos más libertad a los carismas que tienen las mujeres en el desarrollo de la vida espiritual en la Iglesia.

En verdad nuestros tiempos añoran una nueva era. Nuestro Santo Padre ve una nueva era. «*Veo*», dice el Santo Padre , «*el amanecer de una nueva era misionera, que se convertirá en un día resplandeciente que trae una cosecha abundante, si todos los cristianos dan respuesta con generosidad y santidad a los llamados y a los retos de nuestros tiempos».* (Redemptoris Missio, *92*). Para poder realizar esta nueva era tenemos que volvernos a la energía oculta del Evangelio, para así poder dar respuesta a la llamada del Santo Padre a una nueva evangelización, un nuevo vivir y compartir de nuestra fe, un nuevo fervor en métodos y en expresiones. Como nos recordó el Papa Pablo VI, esta nueva era no vendrá de los fieles que manifiesten fatiga, desencanto, que se acomoden a lo moderno o que tengan falta de interés o de esperanza y entusiasmo. La verdadera nueva era vendrá de esos que experimenten la delicia y el gozo de evangelizar, ese entusiasmo interior que nada ni nadie puede apagar. Nuestro mundo debe recibir la Buena Nueva de ministros del Evangelio que brillen con fervor, porque han recibido el gozo de Cristo y están dispuestos a darse completamente para que el Reino de Dios se proclame y la Iglesia sea establecida en medio del mundo.

Para poder realizar esa nueva era, debemos de estar comprometidos con y en Nuestro Señor Jesucristo por la intercesión de Su Santa Madre la Virgen María, nuestra Estrella Matutina.

Monseñor Edward A. McCarthy, D.D.
Arzobispo de Miami

DECLARACIÓN DE LA FRATERNIDAD DEL CLERO Y RELIGIOSOS DE CUBA EN LA DIÁSPORA

Miami, Florida
30 de junio de 1994

«Oh Dios, que te alaben los pueblos,
que todos los pueblos te alaben»
Salmo 66:4

Desde hace varios años se ha venido observando el fenómeno de la Santería en algunos lugares donde predomina la presencia de la comunidad cubana del exilio.

Reunidos en este XX encuentro de la Fraternidad del Clero y Religiosos de Cuba en la Diáspora, hemos querido analizar este fenómeno a la luz de la carta del Consejo pontificio para el diálogo interreligioso del pasado 21 de noviembre de 1993, dirigida a los presidentes de las conferencias episcopales de América, Asia y Oceanía, sobre la atención pastoral de las religiones tradicionales.

«Hay que advertir», dice la carta, «que en América Latina los descendientes de las personas llevadas del África como esclavos en los siglos XVI y XVII no han perdido del todo la religión y la cultura de sus antepasados. Dentro de la enorme variedad de cultos afroamericanos, hay algunos que conservan casi en su totalidad sus formas originarias, como por ejemplo los de *Candomblé*, en Brasil, mientras que otros son más bien sincretistas, como algunos de Haití, Cuba y Jamaica».

Este sincretismo, llamado *Santería*, en el pueblo cubano, es descrito como la adoración de dioses africanos bajo la apariencia de santos católicos, un fenómeno desarrollado como resultado de dos factores:

—*la transculturación de la tribu Yoruba del suroeste de Nigeria con la cultura criolla incipiente de Cuba, particularmente a finales del siglo XVIII y comienzos del XIX;*

—*y el sincretismo religioso que ha mezclado las historias y los símbolos de los dioses (orishas) Yorubas con las de los santos de la Iglesia Católica y que toma primordialmente el aspecto protector de los santos como base de la relación que existe en los devotos de este sincretismo con Dios.*

Se puede comprender, aunque no justificar, el desarrollo histórico de este fenómeno en la Cuba del siglo XIX que fue testigo de la labor esclavizante a que fueron sometidos estos africanos ante las presiones económicas que promovieron la producción del azúcar y otros productos locales. A diferencia del siglo XVII y primera mitad del XVIII cuando la Iglesia contó con suficientes clérigos, religiosos, y catequistas para asumir la evangelización de los africanos, en la segunda mitad del siglo XVIII y siglo XIX, la situación socio-política de la Isla, la falta de agentes pastorales, y la llegada de un mayor número de esclavos con diferentes lenguas impidieron que el proceso de evangelización, logrado anteriormente, continuara.

Los africanos descubrieron en la iconografía de la Iglesia Católica el aliento espiritual que buscaban en medio de esta situación opresiva; la multiplicidad de «presencias» de su mitología hizo que se fundieran estas nuevas imágenes de los santos con las de sus *orishas*.

En el fondo, la falta de una adecuada evangelización ha producido este fenómeno religioso sincrético llamado hoy día, *Santería*, que es politeísta y que no ha permitido descubrir totalmente el monoteísmo cristiano, el Dios de Jesucristo, a sus adeptos. De ahí que no puedan los cristianos practicar la *Santería* ya que es una adaptación externa del cristianismo.

La carta del consejo pontifico nos da luz a esta situacion: La Iglesia respeta las religiones y las culturas de los pueblos y, en su encuentro con ellas, desea conservar todo cuanto es noble, verdadero y bueno en estas religiones y culturas. Cuanto más comprendamos las religiones tradicionales, tanto mejor proclamaremos el Evangelio, como afirma el Papa Juan Pablo II en la encíclica «Redemptoris Missio».

El proceso de inserción de la Iglesia en las culturas de los pueblos requiere largo tiempo; no se trata de una mera adaptación externa ya que la inculturación significa una íntima transformación de los auténticos valores culturales mediante su integración en el cristianismo y la radicación del cristianismo en las diversas culturas. Es, pues, un proceso profundo y global que abarca tanto el mensaje cristiano, como la reflexión y la praxis de la «Iglesia». También nos recuerda que el «cristianismo debe tender a influir en toda la vida y a formar personas integradas, evitando que vivan vidas paralelas, a diferentes niveles».

Con la ayuda de las Ciencias Sociales de nuestro siglo, se comprende la extensión y el arraigo públicos de la *Santería* en los centros urbanos fuera de la Isla como una experiencia cultural y religiosa para aquellos cubanos que, inadecuadamente evangelizados, desprovistos de su iglesia, sus devociones populares, su herencia cultural y hasta su patria, necesitan ajustarse a una nueva y dominante realidad socio-cultural. Muchos parecen descubrir en la *Santería* un mecanismo de apoyo, de consuelo y de adaptación que, aunque transitorio, les permite descargar sus angustias y recordar sus raíces y algunos aspectos de su fe.

A pesar de estas variantes históricas y socio-culturales, a nosotros que nos reunimos anualmente en este Encuentro de la Fraternidad del Clero y Religiosos de Cuba en la Diáspora nos preocupa profundamente este fenómeno religioso. Comprendemos que el ser humano tiene hambre de lo sobrenatural siempre, pero, en particular, cuando se siente afligido, y en busca de libertad y de paz interior, familiar y comunitaria. Notamos que el pueblo cubano vive en busca del Dios que lo ama incondicionalmente y que en los brazos de María de la Caridad le muestra las dos verdades de la fe cristiana que, como reflejo de ese amor divino, exigen una respuesta de fe auténtica y sin mezclas religiosas: el camino de la Encarnación, Dios-hecho-hombre, en la figura del niño Jesús, y el camino de la Redención, la verdadera libertad, en la Cruz del Salvador. Nosotros invitamos a que nuestro pueblo descubra con María de la Caridad el camino a Jesús, Nuestro Señor, el regalo de Dios Padre que se encarna en nuestros corazones para enseñarnos a transformar cualquier angustia personal o comunitaria con la victoria de la Cruz. Y sabemos que la práctica de la *Santería* no conduce a una paz verdadera o a una libertad auténtica, sino a más angustia y a más crisis.

Como dijera Monseñor Boza en su declaración *«Debemos conservar la pureza de nuestra fe»* y esta misma *fraternidad del Clero y Religiosos de Cuba* en la Diáspora en su XIII Encuentro en la ciudad de New Jersey, apelamos al pueblo Cubano para que entienda nuestra preocupación por la confusión religiosa que el sincretismo de la *Santería* provoca en la mayoría de aquellos que la practican.

«Dios es sólo uno, en tres personas, al que invocamos como Padre, Hijo y Espíritu Santo. Todo lo que sabemos de este Dios en quien creemos lo sabemos por su Hijo, Jesús, la Palabra revelada, compartida y celebrada en la comunidad de fe que llamamos Iglesia. No se puede comparar el valor de esta Palabra con la interpretación libre y subjetiva de aquellos que dirigen los ritos de la Santería. Sólo a Dios deben alabar todos los pueblos».

Los santos evocan en nosotros dos atributos especialísimos de la vida cristiana. Son hombres y mujeres que vivieron su fe en Jesús hasta el extremo de dar sus propias vidas por El y por el prójimo. La Iglesia los recuerda en su liturgia y celebra su entrega al Señor en el día en que murieron. En segundo lugar, los santos interceden por los fieles como parte de una comunión de almas para quienes la muerte no es una barrera, sino un proceso que dirige a todos los que creen en Jesús hacia la eternidad. El culto que la Iglesia le rinde a los santos no es un culto de adoración sino de veneración. Lamentamos que muchos de los devotos de la *Santería* hayan abrazado confusamente el segundo atributo de los santos sin comprender plenamente el mas importante de todos, aquél que los designa como verdaderos testigos del Señor Jesús, muerto y resucitado por todos sin distinción de razas, de cultura o de lenguas.

Los santos son los hombres y mujeres que han alabado a Dios. Por lo tanto, apelamos al corazón de aquellos que identifican a los santos con los *orishas* de la *Santería* y les pedimos que abandonen tal identificación y que se abracen a la fe de su bautismo, una fe católica auténtica que se refleja en esa vida de santidad a la cual todos los bautizados estamos llamados:

✟ Ser santo a lo cristiano es descubrir en la Palabra revelada y en la tradición de la Iglesia los medios que permiten y facilitan el encuentro con una paz autentica y enriquecedora en Jesús Resucitado. Un cristiano que camina hacia la santidad en Jesús no selecciona ni doctrinas, ni prácticas de la Iglesia para mezclarlas con otras creencias confusas.

✟ Ser santo es crecer interiormente convertido a Jesús, el Señor del universo, que murió y resucitó para mostrarnos el camino de la Salvación. Un cristiano santo no se limita a esperar de ritos externos la solución inmediata a cualquier crisis personal o familiar. Todo rito religioso, por ser externo, debe ser expresión de ese cambio interno que nace de un corazón dirigido hacia Jesús y hacia sus mandamientos.

✟ Ser santo es ser un cristiano que vive la ley del amor que Jesús instaurara en el corazón humano y que encierra de por sí una llamada al perdón y a la reconciliación. Un cristiano santo no permite la violencia, ni el odio, ni el resentimiento.

✟ Ser santo a lo cristiano es celebrar la fe en comunidad junto a aquellos que, por el bautismo, reconocen y comparten el mismo Señor y la misma tradición eclesial. Ser un cristiano santo exige que esa fe se transforme en acción comunitaria fuera de la celebración y que se exprese libremente en caridad y en servicio.

✝ **Ser santo** en cristiano es esperar con confianza, y no con miedo, la realización plena del Reino de Jesús que ya ha comenzado en la historia por medio del compromiso de fe que viven sus discípulos, pero que culminará cuando regrese el Señor.

Hacemos esta apelación en el espíritu evangelizador que nace de la experiencia de la Iglesia desde siempre y que con el Concilio Vaticano Segundo, hace treinta y dos años, y los documentos post-conciliares y las encíclicas de nuestro Santo Padre, el Papa, se nos ha repetido frecuentemente.

Este llamado a alabar al único Señor no lo hacemos para condenar a los que practican el sincretismo de la *Santería*, sino para aclarar la confusión que este sincretismo encierra en sus creencias y en sus ritos.

Exhortamos a la continua reflexión de este fenómeno religioso por teólogos, pastoralistas, historiadores, antropólogos, sociólogos y filósofos, que nos ayuden a comprender nuevos aspectos del desarrollo de este sincretismo en el mundo en que vivimos.

Finalmente, invocamos a nuestra Señora de la Caridad, patrona de todos los Cubanos, para que nos siga mostrando el camino hacia Jesús y nos ayude a descubrir la luz de Su presencia en la oscuridad latente de la sociedad insegura en que vivimos. Con ella elevamos nuestra plegaria de alabanza al Padre por medio de su único hijo Jesús en comunión con el Espíritu Santo.

Otros libros publicados en la
COLECCIÓN FÉLIX VARELA
(Obras de pensamiento cristiano y cubano)

LIBROS PUBLICADOS POR EDICIONES UNIVERSAL EN LA COLECCIÓN CLÁSICOS CUBANOS:

011-9 ① ESPEJO DE PACIENCIA, Silvestre de Balboa
(Edición de Ángel Aparicio Laurencio)

012-7 ② POESÍAS COMPLETAS, José María Heredia
(Edición de Ángel Aparicio Laurencio)

026-7 ③ DIARIO DE UN MÁRTIR Y OTROS POEMAS,
Juan Clemente Zenea (Edición de Ángel Aparicio Laurencio)

028-3 ④ LA EDAD DE ORO, José Martí
(Introducción de Humberto J. Peña)

031-3 ⑤ ANTOLOGÍA DE LA POESÍA RELIGIOSA DE LA
AVELLANEDA, Florinda Álzaga & Ana Rosa Núñez (Ed.)

054-2 ⑥ SELECTED POEMS OF JOSÉ MARÍA HEREDIA IN ENGLISH
TRANSLATION, José María Heredia
(Edición de Ángel Aparicio Laurencio)

140-9 ⑦ TRABAJOS DESCONOCIDOS Y OLVIDADOS DE JOSÉ MARÍA
HEREDIA, Ángel Aparicio Laurencio (Ed.)

0550-9 ⑧ CONTRABANDO, Enrique Serpa
(Edición de Néstor Moreno)

3090-9 ⑨ ENSAYO DE DICCIONARIO DEL PENSAMIENTO VIVO DE LA
AVELLANEDA, Florinda Álzaga & Ana Rosa Núñez (Ed.)

0286-5 ⑩ CECILIA VALDÉS, Cirilo Villaverde
(Introducción de Ana Velilla) /coedición Edit. Vosgos)

324-X (11) LAS MEJORES ESTAMPAS DE ELADIO SECADES

878-0 (12) CUCALAMBÉ (DÉCIMAS CUBANAS), Juan C. Nápoles Fajardo
(Introducción y estudio por Luis Mario)

482-3 (13) EL PAN DE LOS MUERTOS, Enrique Labrador Ruiz

581-1 (14) CARTAS A LA CARTE, Enrique Labrador Ruiz
(Edición de Juana Rosa Pita)

669-9 (15) HOMENAJE A DULCE MARÍA LOYNAZ.
Edición de Ana Rosa Núñez

678-8 (16) EPITAFIOS, IMITACIÓN, AFORISMOS, Severo Sarduy
(Ilustrado por Ramón Alejandro. Estudios por Concepción T. Alzola
y Gladys Zaldívar)

688-5 (17) POESÍAS COMPLETAS Y PEQUEÑOS POEMAS EN PROSA EN
ORDEN CRONOLÓGICO DE JULIÁN DEL CASAL.
Edición y crítica de Esperanza Figueroa

722-9 (18) VISTA DE AMANECER EN EL TRÓPICO, Guillermo Cabrera
Infante

881-0 (19) FUERA DEL JUEGO, Heberto Padilla
(Edición conmemorativa 1968-1998)

COLECCIÓN CUBA Y SUS JUECES

(Selección de libros de historia y política publicados por EDICIONES UNIVERSAL):